中关村

中关村
一部创业创新史

化学工业出版社
·北京·

本书以"中关村人创新创业史"为主题，通过简洁洗练的文字，讲述了各时代中关村代表人物的经历，诠释了中关村创新发展的规律，梳理了中关村的发展脉络。书中不仅还原了发生在中关村的传奇故事，还收录了诸多档案资料，包括照片、信件、文件等，通过这些珍贵的历史资料，以小见大，以点带面，力图以中关村人的过往见社会、以中关村人的成就见规律、以中关村人的眼光见世界、以中关村的恢宏历史见我国改革开放的腾飞之姿。

图书在版编目（CIP）数据

中关村：一部创业创新史 / 李丹，肖彧，麻树强著. —北京：化学工业出版社，2019.3
ISBN 978-7-122-33693-4

Ⅰ.①中… Ⅱ.①李… ②肖… ③麻… Ⅲ.①高技术开发区 – 史料 – 海淀区 Ⅳ.① F127.13

中国版本图书馆 CIP 数据核字（2019）第 005591 号

责任编辑：李岩松　邵轶然　　　　　　装帧设计：水玉银文化
责任校对：宋　夏

出版发行：化学工业出版社（北京市东城区青年湖南街 13 号　邮政编码 100011）
印　　装：北京久佳印刷有限责任公司
710 mm×1000 mm　1/16　印张 13½　字数 163 千字　2019 年 4 月北京第 1 版第 1 次印刷

购书咨询：010-64518888　　　　　　　售后服务：010-64518899
网　　址：http://www.cip.com.cn
凡购买本书，如有缺损质量问题，本社销售中心负责调换。

定　　价：68.00 元　　　　　　　　　　　　　　　　　版权所有　违者必究

序

在若干年前，中国的制造业因为技术投入少，所以难以掌握核心技术，以至于利润低下，被国人诟病为"只有中国制造，没有中国创造"，话其实也不错，但是只有身临其境的人才知道这就是历史的过程。

今天海尔的各种家用电器在全世界登堂入室的时候，我会想起海尔刚成立时，张瑞敏自己定的工厂管理规则中有这样两条：不准在车间随地大小便，不准哄抢工厂物资。这是原话。这说明了当时的车间是个什么样子。当我们的联想集团成为电脑世界第一的时候，我会想起我们第一块主机板是在香港柴湾一个凌乱不堪的作坊里生产出来的。李东生的TCL、李书福的吉利汽车等等，无数多的今天产值过百亿、过千亿的民营企业、乡镇企业，当年都是从难以想象的简陋、艰辛、困难之中起步的。

正是中国共产党和中国政府领导的改革开放充分调动了民营企业的积极性。开放，打开了我们的眼界，让我们看到了什么是先进的产品，什么是先进的技术，什么是先进的管理，什么是先进的生活。改革，是政府指引我们走社会主义的市场经济道路，从机制、体制上为企业的发展奠定了基础，使我们有了超越的动力和能力。

改革开放的历史像是一本书，是一页一页装订而成的。制造业的第一页就是张瑞敏的不许随地大小便的车间，第二页可能就是所谓没有技术含量的中国制造。可曾几何时，历史便翻到了今天这一页，中国专利的数量已经超越了美国，直逼日本，成为了世界第二。

这说明中国的经济进步是需要探索、积累、脚踏实地地向前迈进，不可能是一蹴而就的。

今天的中国在高技术领域，无论是AI还是生命科学、新材料、新能源，我们有太多远不如人的地方，这是我们必须深刻认识到的。但只要改革开放继续下去，我们就会不断地提高眼界，打实基础，努力积累，在高科技领域高高地跃起，去创新、去超越，向更高的目标挺进。

中国和世界的历史告诉我们，要屹立于世界民族之林，不但要富，而且要强，什么是强？拥有雄厚的科技力量，无穷的科技创新底蕴才算得上是强。

而这注定就是中关村科技企业必须肩负的历史使命。国家对中关村倾注了太多的期望，北京市的领导也付出了太多的心血，中关村也经历过太多的坎坷和磨难。

厚积薄发，自2000年以来，中关村集科技力量、资本、企业管理人才于一体，高科技企业进入了爆发式的发展阶段，终于成为了北京市的重要经济支柱，名副其实地成为了中国高科技园区的领头羊。

我们中关村的企业家会牢牢记住自己的使命和责任。让我们不忘使命，不辱使命，为中国的发展、为人类的进步贡献出我们的力量。

这部《中关村：一部创业创新史》中讲述的故事，很多都是我亲身经历的。重温这段记录了中国高科技行业如何一步步从无到有，从弱到强的不平凡历史，还是让我有很多感慨。"前事不忘，后事之师"，希望读者朋友们能从历史中汲取新的养分，在中关村这片热土上培育出更加丰硕的果实。

联想控股董事长，联想集团创始人

中关村：一部创业创新史

前言

一份体制内的工作，规律的工作时间，工资稳定，按照贡献和工作年龄可以慢慢得到晋升，享受分房等福利——这是 1978 年之前，中关村大部分科研工作者的生活状态。他们的生活踏实、确定，一眼望得到头。因此，很少有人关心科研成果会不会转化为生产力，也很少有人关心四季青公社的田地收成好还是不好。他们中的大部分人出生或成长在吃"大锅饭"的时代，对这一切都习以为常。

当然，不只是中关村的科研工作者，中国众多的机关、企事业单位情况都类似——如一潭死水，了无波澜。大家仍在为吃饱肚子，忙于解决"三农"问题。

但此时的世界却是另一个样子：美国已发射了火星探测器，日本的新干线列车已跑到了 286 千米 / 小时。

改革开放是一阵春风，带来了市场经济的竞争机制；是一湾活水，搅动着一成不变的社会结构。那些有着冒险家基因、追求不确定性的人们，逐渐出现在了舞台上，他们在改革开放和市场经济的大潮下奋斗、拼搏、勇立潮头，引领并改变着中国乃至世界。

唯物主义哲学告诉我们，运动是事物的根本属性，这一切又是历史的必然。

有时，企业家创业和国家体制、机制的创新是有共同点的，它们都充满着不确定性。当一个企业家告别体制开始创业，他的未来是不确定的；当一个国家告别计划经济体制，走上改革开放之路时，具体路线怎么走，也是不确定的。

既然不确定，就要有人出来探路、做先锋。

中关村就是这样的先锋，这里不仅有第一家民营科技企业、第一笔国际风险投资、第一次接入互联网的经历，第一份电子邮件的发送，也是国家首个自主创新示范区，是体制、机制创新和政策先行先试的试验田。

在中关村，创新并非空洞的口号，而是触手可及的成就。然而，创新不是凭空而来的，一定是在多元尝试中取得的成果，而尝试的过程中一定充满了诸多不确定性——科研如是、企业如是、政府也如是。

对这种不确定性的向往和敬畏，成就了今天的中关村，成就了改革开放 40 年的伟大成就。

中关村，正是中国改革开放 40 年的一个缩影。

改革开放 40 周年，中关村园区成立 30 周年，这是一个宏大的主题。我们的国家为什么会出现中关村这样的地方？它如何发展成今天的样子？它的商业体系是如何建立起来的？中关村的企业又是如何影响整个国家的？

这些问题该如何解释清楚呢？似乎很难。

生机勃勃而又充满变化的世界，总是不容易被理解和把握。

我们总在观察中关村，我们希望以人物沉浮把握时代，以科技创新思考时代，以市场发展见证时代……当然，我们无法凭这本书，完整地展现中关村改革开放40年的全貌，但我们力图通过这样的观察角度，让读者置身其中，感受时代洪流下，中关村乃至整个中国日新月异的变化。

看懂中关村，看懂中国，看懂改革开放，也看懂我们这个民族激流勇进的奋斗姿态。

致谢

《中关村：一部创业创新史》根据北京电视台大型系列纪录片《中关村——变革的力量》改编。在本书的出版过程中，我们得到了诸多支持和帮助。在此，特向为本书出版做出重要贡献的专家、领导和工作人员表示真挚的感谢。感谢北京市委宣传部、北京市中关村管委会的大力支持；感谢联想控股董事长、联想集团创始人柳传志为本书作序；感谢每一位受访的领导和企业家；感谢《中关村——变革的力量》项目组导演张义、曾龙、郭春晓、王斌、吴界、马子乔、张翰；感谢杨伟、杨超、董泰奇绘制的插画；感谢为本书付出努力的每一个人。

《中关村——变革的力量》创作团队

目录

01 第一章　春江水暖谁先知　//001

赴美求知，以梦为马　//004
峰回路转，低调出发　//009
星星之火，可以燎原　//013
难逃桎梏，乌云压城　//016
沉冤昭雪，辉煌终至　//020
无力回天，传奇落幕　//023

02 第二章　此志须向变革传　//033

胸怀大志，扬帆起航　//037
独辟蹊径，化险为夷　//043
政策助力，联想为名　//047
大胆改革，终登王座　//052

03 第三章 殊途同归成大道 //065

辞旧迎新，投石问路 //068

春意盎然，各显神通 //072

万事俱备，传奇诞生 //078

寒冬已至，冷暖自知 //082

推陈出新，重现生机 //086

04 第四章 驾着潮流去远方 //095

理想碰壁，战略转移 //100

红色风暴，席卷神州 //103

方兴未艾，风口何在 //106

龙行天下，薪火传承 //116

休养生息，一飞冲天 //123

05 第五章　百川合流起大船　//131

以人为本，科技破冰　//133
迎难而上，美好出行　//142
头条制胜，一鸣惊人　//155
海纳百川，广招贤才　//161
深谋远虑，体验至上　//165

06 第六章　千帆竞渡海天阔　//169

旷绝一世，技术为王　//171
千里姻缘，咖啡来牵　//180
衣锦还乡，药行天下　//184
无人驾驶，即刻出发　//190

后　记　//199

第一章 春江水暖谁先知

chapter one

破冰的勇气
伴随春天的第一缕阳光
先行的脚步
踏上远征的第一段鼓点
每一个传奇
都有历史赋予的机遇
所有的英雄
都有时势带来的锋芒
中关村风云四十年
春江水暖谁先知

——

让我们一起体会，改革开放先行者的艰辛。

1982年冬季的一天，在北京西北郊一栋隶属于中国科学院的灰色的办公楼里，两位科学工作者正在办公室里激烈地争吵，他们争吵的焦点并非科学上的分歧，而是对人品的质疑，进而成为谋取私利、玷污科学殿堂等指责。

被指责的那个人叫陈春先，是改革开放后被破格提拔的第一批教授级正研究员。而指责他的那个人正是陈春先的领导，当时中国科学院物理研究所的所长。

两年前，陈春先创办了一个叫"北京等离子体学会先进技术发展服务部"的机构，它挂靠在北京市科协，但自己有产品、有利润。坊间流传这个机构给研究人员发红包，数额远超国家工资，收到红包的人又全都隐匿不报——简直就是窃取国家科研经费为私有。

当时，在科学家们看来，干科研就是被国家圈养做研究，研究成果都得交给国家，至于它能不能转化成商品卖钱，不是他们该考虑的事，更不是他们该操盘的事。要知道，只有商人才会锱铢必较地追求利润。换句话说，中国知识分子有一种传统的清高，那就是"耻言利"，即羞于谈论牟利话题。新中国几十年的计划经济和集体主义惯性，让人们在改革开放的几年后，依然鄙视个人谋取利益。

陈春先

面对所长的责难,陈春先虽然面色沮丧,但神情坚定,他坚持认为自己做的没错。只是当时的他还不知道,这场风波过后,中关村改革的春天先于全国,早早地到来了。

赴美求知,以梦为马

1982年,陈春先48岁,正赶上本命年。中国民间认为,本命年往往意味着流年不利,会有波折。看起来,陈春先的第四个本命年的确不同于往年。

陈春先是四川成都人,留苏博士,改革开放后的第一批教授级正研究员,和他同时获得这一待遇的，有大名鼎鼎的陈景润。从 1958 年起，他一直在中科院物理所埋头搞研究。他的同事陈庆振回忆道："陈春先和我是物理所的同事。我 1965 年从南开大学毕业，然后被分到物理所，当时他已经在物理所工作了。当时，陈春先是物理所的'四大金刚'之一，也就是业务骨干。那时所里有四个比较杰出的业务骨干，俗称'四大金刚'。而陈春先是我们国家等离子体物理的创始人。"

但在当时，他的科学家同事更愿意把他看作一位商人。在他的第四个本命年，对陈春先的批评和指责，从深海的暗流浮上水面：他的领导指责他谋取私利、玷污了科学殿堂。然而，陈春先并不接受这种指责，毕竟这是 1982 年，不是 1962 或 1972 年。四年前，科学的春天已经来临，他不能想象再来一次"倒春寒"会怎样。

1978 年 3 月，全国科学大会召开。在这次大会上，出现了许多新论断，那句"科学技术是生产力"后来成了几乎妇孺皆知的名言。时隔多年，陈春先回忆道："（那场会议）在人民大会堂开了一个星期，小平同志在会上讲到，知识分子是劳动人民的一部分。后来，郭沫若同志写了一篇祝词，叫《科学的春天》。那个时候，从我们的心情上讲，也确实是科学的春天。"

会议结束，掌声雷动，人们意识到，中国的生产力即将因科学精神被松绑而蓬勃释放。这一年，邓小平出访日本、新加坡等七个国家，引领和鼓励中国人去观察、学习外面的世界，也正是在这一年，中国物理代表团踏上了出访美国的行程，陈春先正是代表团的一员。然而，他虽是核物理学家，却没有意识到，自己的人生已开始了新的核裂变。

"那个时候，我看到了美国的 128 号公路和硅谷地区。这两个地方就是现在我们口中的'高科技园区'。当时还没有'硅谷'这个名字，人们只知道里头有一些科研人员、科学家工程师在社会上建立了一些高新技术企业，获得了很好的经济效益，推动了科学与经济的发展。这让我们有了很大的触动，因为我们觉得，这么多年来，国内进行了多年的科学研究，国家也投资建了很多科研设施，但我们的成果基本停留在办展览会、写论文这个阶段，没有把它们变成产品。在这一点上，我们觉得做得不够。"

陈春先想到的"技术扩散区"主要是指波士顿周边的128号公路和加利福尼亚州的硅谷。128号公路是一条环绕波士顿的半环形公路，它把美国历史名城波士顿揽在怀中。哈佛大学、麻省理工学院、波士顿大学等全球一流高校就聚集在这座城市之内。128号公路修通之后，从这些著名大学实验室里分化出的新技术公司开始生根发芽。当时，麻省理工学院允许教工为当地公司提供咨询服务，这种在工资外靠知识赚的钱，其实

陈春先（右）在旧金山金门大桥

就是中国人常说的"外快"。更有甚者,政府甚至鼓励他们自己办公司当老板。这些政策使这一区域很快成长为高技术区,带动了整个马萨诸塞州经济的增长。

硅谷比 128 号公路更为有名。它地处美国加利福尼亚州北部的旧金山湾以南,因为集中了芯片设计制造业的精英,而芯片的核心原材料是硅,所以被称为"硅谷"。硅谷周边云集了斯坦福大学、加州大学伯克利分校、加州理工大学等世界知名学府。而硅谷的传奇正是从车库开始,在大学发育,在美国成熟,最终繁盛于全球。

刚到硅谷的陈春先,被这种联盟创造的生产力震撼,他意识到:如果大学永远是象牙塔,研究所永远是不问市场的'技术翰林院',科研院所永远和工厂老死不相往来,那么科学的春风就永远度不过玉门关,更无法带来生产的进步。在他看来,美国的"技术扩散区"是可以学习、复制的,而中关村正好具备这种复制的条件。

中关村地处北京市西北,是永定河冲击而成的一片小平原。清王朝入主中原后,曾在这里修建了大量皇家园林。19 世纪,国力衰微,这里逐渐沦为太监们的坟场,因为太监又称"中官",所以这里被称为"中官坟"。后经口口相传,变成了"中关村"。

1949 年中华人民共和国成立时,中关村里只有二十几户农家,乱坟堆一丛丛伫立着。但是,离这里不远就是清华大学和北京大学。随后,八所大学相继崛起,这条马路终得名"学院路",可谓实至名归。中国科学院的第一批科研院所也在此建成。短短十年时间里,"科学城"和"大学城"并立,中关村也成为了全国知识人才最密集的地区。

陈春先这样回忆当时的中关村,"从 20 世纪 50 年代开始,科学院就在中关村建了起来,所以在科研设施、人才上,中关村已经起来了。但是,在这大门外头,其实就是个偏僻的乡村。那个时候,如果客观地看,中关村的一边在追求世界上最先进的科研项目、最先进的科学信息,但只要到了几百米外的另一边,就是最原始的农村。"

而陈春先的妻子毕慰萱至今还记得,当年丈夫从美国回来时那兴奋的心情。"1978年他第一次回国,讲到的第一件事就是,我现在知道为什么美国超过苏联了。他提到了高科技公司,说真是不得了,我们这儿要几千人的工厂才能生产的设备,人家只要十几二十几个人就行了。而且,开公司的还都是教授。到美国去呢,接触得很深入以后,他确实感到中美在科研体制上有很多差异,他觉得美国的科研体制里有一些富有生命力的东西。"

毕慰萱

陈春先夫妇合影

峰回路转，低调出发

从美国回来后，陈春先迅速给上级写报告，提出了移植"硅谷模式"的想法。他四处奔走呼吁，大谈硅谷、128公路，谈惠普和乔布斯……只是当时并没有多少人能听懂他的"科技阳春白雪"。

1979年，中国刚刚开始改革开放，中国经济的首要任务是解决物资稀缺，生产出足够的大米和小麦，生产出足够的棉布，开采出足够的煤炭和石油，提供足够的原材料，这些已经让管理者倾尽全力，至于什么硅谷、电脑，远远超出了人们的认知。

美国硅谷的公司都是私营企业，在1979年的中国，想要出现这样的企业，还有不少制度障碍。当年，中国刚刚允许个体工商户经营，而从个体小本生意到民营公司，还有很长的路要走。至于陈春先试图创办的科技公司，还要面对另一个体制壁垒——中国的科研院所只承接国家下达的科研任务，科研经费由财政拨付，专款专用，科研机构只花钱不赚钱。科研院所办公司？对不起，没这个先例，没这个说法，更没人敢拍板！

到了1980年，事情出现了转机。陈春先听说北京市科协在举办科技咨询活动，于是就找到这里来，想谈谈自己的想法，接待他的是北京市科协咨询部负责人赵绮秋。多年后，赵绮秋这般回忆当时的场景："一见面，他就跟我谈起斯坦福大学和它周围的情况，以及128号公路的技术扩散情况，说他也想办这种公司。我想了想，说办公司现在不大可能，因为我不太了解怎么办公司。但我正在搞科技咨询服务部，也就是说，科协允许办科技咨询服务部，而你是北京等离子体学会的副理事长，那就用你学会的资源，在你的学会底下搞个等离

赵绮秋

子体学会先进技术的科技服务部吧。这事我可以给你办。"

而在陈春先看来，找科协可是"有预谋，有组织"的："那时（我）就找到科协了，为什么找它呢？因为科协是个群众组织，它的思想还开放些，认为只要对'四化'有好处，什么事都支持。"

这是一个高明的迂回战术，也是一种刻意的模糊战略。陈春先拿着北京市科协的批准文件，到公安局刻了圆形公章，又到银行开设了账户，由此，中关村历史上的第一家民营科技公司就在物理所的某个小院里开张了。

北京等离子体学会先进技术
发展服务部用章

纪世瀛是陈春先物理所的同事，是当年少数愿意跟着陈春先创业的科研人员之一。关于当时的场景，他如此回忆："物理所后面有几间仓库是我们用的，我们挑了其中一间，里面蜘蛛网密布。我们找了几个工程师，把这半间的东西挪到那半间摞起来，然后在中间挂一块蓝色塑料布，摆上一张破桌子、几把破凳子，所谓的'中关村首个民营科技企业'就在这儿宣布成立了……

"后来有报道说这是'从破旧库房里飞出的金凤凰'，但我们可没想过它是中关村的 DNA。你想，我们就七八个人，因为屋子就五六平方米，能坐下多少人？屋里就一张破桌，是个很小的课桌，还有三四把椅子，都是给主要的人坐，其他人都站着。当时参加这个会的最高领导，就是时任北京市科协咨询部的副部长，后来成为科协副主席的赵绮秋。"

而作为"始作俑者"之一，赵绮秋也表示了支持："那时，我代表科协祝贺他们成立，当然也是为了表示我们的支持态度。我们愿意为他们服务，愿意支持他们。"

总之，1980年10月23日，没有张灯结彩，没有鞭炮齐鸣，也没有鲜花贺词，陈春先的北京等离子体学会先进技术发展服务部诞生了。它正是中关村历史上的第一家民营科技企业。由此，中关村的历史翻开了新的一页。

弹指一挥间，38年过去，中科院物理所里的那间蓝色小屋已经被拆除了，但历史舞台上自有它的一席之地。如同美国硅谷的

北京等离子体学会先进技术发展服务部旧址——"蓝色小屋"

纪世瀛（左）与陈春先（右）

第一家科技公司诞生于车库，中国中关村的第一家民营科技公司诞生在这间不起眼的小屋，还有一个听起来不像公司的公司名。但它是一个名正言顺的历史坐标，永远留在中国当代史的记忆中，不可抹杀，无法替代。

陈春先，在科学的春天领风气之先，应运而生，人如其名。他在中科院的院墙上打开了一道缝。

星星之火，可以燎原

"我们的服务部从一开始面向工农业、乡镇企业，甚至是农村的项目我们都会接。举个比较典型的例子——锅炉改造。当时的东升锅炉厂，水加满后还得人去看，其实多简单的事——用自动控制就解决了。比方说，压力、温度到一定程度时怎么停止加热，对于我们科技界的人来说，是非常非常简单的。弄个传感器、浮标，再搞个电源、电开关就可以了。"

纪世瀛说的就是服务部的早期业务，跟神秘高端的核聚变一点关系都没有，只是帮助乡镇企业解决了一些简单的生产技术问题；或是讲课培训、传授实用技术，酌情收取一些服务费。

而在陈春先看来，这种努力并没有白费："从现在来看呢，我们觉得，尽管我们没有预见到以后中关村的发展，但确确实实，我们最开始的那种把知识转换成财富的思想，就是正确的方向。"

服务部的成立改变了科学家们的生活节奏。过去晚上一下班，大家都窝在家里不出门。现在好了，业余时间也有业务，于是在吃完晚饭后，人们都直奔陈春先的服务部。所有投入都有回报，工资条外的收入，让他们心情舒畅。

"发津贴是这样。当时科协规定，津贴应参照教师的收入——教师在课外讲课，一个月最多30块钱。换句话说，只要在30块钱以内都可以发。"赵绮秋如此回忆。

1983年这一年，服务部累计赚到了3万元，在当时可是一笔巨款。陈春先用这笔钱扩大了办公场地，开培训班讲授计算机和电子技术，给请来的培训老师发每小时6元的授课费。据陈春先回忆，当年他们用咨询收入建了两栋板房，那里就是最早的"教室"，知识青年们在这里学习打字、操作电脑。同时，他们也做一些技术咨询、开发的活动。当时他还办了一个为期一年半的培训班，一间"教室"里算上知识青年最多有21个人，他们就挤在里面学习。而纪世瀛是这样说的："我们办了一个电子电工培训班，相当于中专，但讲课的可都是大当年来服务部兼职的科研人员领钱时的账目，时间是 1983 年 2 月 1 日，共发出津贴 440 元，上面有陈春先和纪世瀛的签字学教授、我们的研究员和工程师。所以,虽说是中专,但学生们接触到的知识水平应该相当于大学。"

最后,赵绮秋用一句话,总结了服务部的辉煌:"培训班办得特火,学期结束后,学员们都被人抢着挑走。"

难逃桎梏,乌云压城

正当陈春先的服务部办得有声有色的时候,麻烦却尾随而至。

"(事情)完全出乎我们的意料,不但有非议,而且惹了很大的祸,造成了激烈的争论。究其原因,不在于学硅谷,也不在于从美国引进了什么新的想法,而在于我们用收入给参加工作的人发了一些津贴。为了这个事呢,大家争论得很厉害,有人就上纲上线。我们当时的领导呢,就跟我们说这是'歪门邪道',总结起来是'不务正业,歪门邪道,腐蚀干部'。"陈春先这样回忆那段经历。

没有人认为这是多劳多得,是额外付出应得的回报。尽管极端年代过去了,但人们头上依然有极端思想残余的辫子——"大锅饭"的惯性太强,任何人只要在锅外多吃一点,都会引发不满。物理所的领导要查服务部的账目,但服务部挂靠在北京市科协,查账的事情自然遭到了北京市科协的反对,于是皮球就踢到了赵绮秋那里。她如此回忆:"当时正好年底,国家有个财务检查的通知,所以科协就说,咱们自己查吧,然后就组织一些会计师过去查了。查了以后,发现账目非常清楚,多少笔收入、支出都记得很清楚。"

调查结果显然没能使物理所的领导满意,领导当着赵绮秋的面说,既然服

科协查账场景

务部的主要人员都来自物理所,那么账就应该由物理所审查,审查结果也要上报到中科院。物理所领导开始向中科院纪检部门打报告,声称陈春先把科研项目中的国家财产非法转移到服务部卖掉,还有十几万元的国家拨款也被转移到服务部私分,要求立案查处。

陈春先的危机严重升级了。因为那时有种经济犯罪的罪名叫投机倒把。说陈春先是科技二道贩子,等于指控他投机倒把。当时,拉拢腐蚀是一种政治指控,等于说一个人居心叵测,挖社会主义墙角。

这严厉的指控有种乌云压城的气势,压在刚刚有点起色的服务部顶上。人们吓坏了,后怕了,当天晚上就有人来到服务部,放下从服务部拿到的津贴,二话不说就走。人们本能地捡起了"护身符",开始和处于风口浪尖上的陈春先划清界线。

风向对陈春先越来越不利。一位副所长带着工作组直接进驻了服务部,和所有拿过津贴的人面谈,告知他们:今年国家开展的重要活动是打击经济领域的严重犯罪活动,而陈春先已被物理所列为重点审查对象。不久后,又传来陈春先被中科院纪委立案审查的消息。风声很紧,说法很多,看样子陈春先要倒霉。要知道,在四平八稳的中科院,陈春先是地道的"出头鸟",而出头鸟是难免要被枪打的。

那段时间里,物理所甚至没人敢和陈春先打招呼或一块走路。服务部里除了崔文栋和纪世瀛两个铁杆骨干,其他人都走了。而陈春先每晚都会在服务部办公室独自坐到深夜。他想到了自己的结局——可能是处分、劳动教养或判刑入牢。

期间,赵绮秋过来看望过他一次,告诉他:"事情发展到这步,你先不要

陈春先(右)和纪世瀛(左)

周鸿书

着急。"但她并没有告诉陈春先,事情或许还有转机。

赵绮秋的丈夫周鸿书正是时任新华社北京分社的副社长,他发现了赵绮秋的异样。赵绮秋后来回忆道:"这时,我爱人发现了(我的异样)。他说:'你一天到晚不好好休息,在家干吗呢?'既然他问起来,我就把陈春先的事从头到尾跟他说了一遍。他听完就说:'这倒是个新鲜事,我们发个内参吧。'"

后来,他派记者潘善棠采访了陈春先。陈春先的妻子毕慰萱这般讲述那段经历:"他(潘善棠)就找到了陈春先,陈春先就把他从美国硅谷看到的,这两年搞了什么,取得了什么样的效果,原原本本地跟他讲了。后来,潘善棠还让陈春先领着他去看了服务部的那间房子,那时里面已经空了。后来,他们还跟服务部的某些人谈了。潘善棠回去以后,彻夜未眠。他也非常激动,于是就写了一篇内参。"

沉冤昭雪，辉煌终至

1983年1月6日，新华社的《国内动态清样》52期刊登了一篇题为《研究员陈春先搞技术扩散试验初见成效》的文章，它正是出自潘善棠之手。文章的结尾这样写道："陈春先搞科研成果，新技术扩散的试验，却遭到本部门一些领导人的反对，如科学院物理所的个别领导认为，陈春先他们是搞歪门邪道，不务正业，并进行阻挠，使该所进行这项试验的人员思想负担很重，严重地影响了他们继续试验的积极性。"

当年，这篇内参使得多位国家重要领导人做出批示。其中，一位领导做出了如下批示："陈春先同志带头开创新局面，可能走出一条新路子，一方面较快把科研成果转化为直接生产力。另一方面多了一条渠道，使科技人员为四化作贡献。一些确有贡献的科技人员可以先富起来，打破铁饭碗、大锅饭。当然还要研究必要的管理办法及制定政策，此事可委托科协大力支持。"

有了中央领导的批示，陈春先一夜间翻了身。纪世瀛这样回忆当时的场景："1983年1月25号早晨，大概是七点钟吧，突然有人敲我的门。那人说：'快起，快起，老纪！'当时我很紧张，脑海里一片朦胧，不知道怎么回事，还以为要批判我了，是迟到了吗？等我出来一看，只听那人说：'你快听，中央人民广播电台里说你们大方向正确，应该支持。'我一听，感觉是在做梦。是不是真的？确实是真的，而且好多人都在听，不像在做梦。所以，要说那时的心情啊，真是非常激动。"

中央一锤定音，争议烟消云散，加在陈春先头上的罪名不攻自破。如果没有赵绮秋，如果赵绮秋的丈夫不是记者，陈春先会怎样？历史不容假设，但时代自有其旋律。陈春先做的事情是那时的中国需要的，是中央全力推动的，也是社会迫切渴求的。正是这样的大背景，决定了陈春先的命运。他展现了中国人的首创精神和探索勇气，这种精神和勇气应运而生，得到决策者的保护和引领，上下同心，最终形成了一种蓬勃的创新力量。

"这些明确的批示，使得中关村从1983年起就进入了发展的快车道。所以，很快就有成百上千家公司在中关村开办。"陈春先回忆道。

最先感受到风向变化的，当然是离风口最近的人。

陈庆振是陈春先在物理所的同事，每天都和陈春先进出同一个大门。不久之后，他被中科院指派到科海公司做总经理。

计算所的王洪德则没有陈庆振这样的运气。为了创业，他跟

王洪德

领导打报告说:"我决定从明天起离开计算所,领导最好同意我被聘走,聘走不行,借走!借走不行,调走!调走不行,辞职!辞职也不行的话,你们就开除我吧!"这就是中关村历史上有名的"五走报告"。那时,中科院依然是好单位中的好单位,体制内依然有分房等各种福利,而王洪德的选择,因为中科院的光环显得更加决绝。最终,王洪德成为中科院第一个辞去国家公职的人。后来,他创办了京海公司。

还有四通。四通公司的发家地是四季青人民公社的一间铁皮房。几位公司的创始人提出以个人身份参与公司经营,不以各单位的名义出现。

还有信通。信通的创始人金燕静说服了中科院计算所、科学仪器厂和海淀区农工商总公司,让它们各出资一百万元组建全新的公司。因此,信通公司是中关村里最早的股份公司,作为总经理的金燕静,顺利接管了企业的全部权利。

当时,这四家公司被称为"两海两通",它们继陈春先之后,成了中关村的领头羊,将这个传奇故事推向了高潮,成就了中关村的第一轮辉煌。

1984年,中关村初显繁荣,新技术企业由一年前的11家攀升至40余家,营业总额也达到3500余万元。昔日的供销社、澡堂子、菜摊子都华丽转身、改换营生,挂上科技感十足的招牌,摇身一变,成了高科技企业。

科学院南路,这条长不过几百米的小路,却是中关村早期企业家的摇篮。中科院新的计算所大楼、中科院物理所的院子,早期中关村最具代表性的几位企业家,都出自这两家单位。它们见证了这样一个事实:科学头脑云集的中关村,在第一次爆发中,就释放出了无与伦比的能量。

先驱者无可替代,历史性的光荣归于陈春先,那个在美国睁大双眼学习新事物的陈春先,那个四处奔走呼号、渴求政策支持的陈春先,那个在体制夹缝中伸出一片绿叶的陈春先,那个放下资深科学家身段去跑业务的陈春先,那个在市场上一分一厘赚钱的陈春先,那个在压力面前据理力争、苦苦支撑的陈春先,那个给科研工作者打开新世界大门的陈春先,那个用自己的故事诠释时代精神和国家发展历程的陈春先。

无力回天,传奇落幕

当年的中关村电子一条街,现在叫中关村大街。当大潮涌起时,激流勇进的航船不会仅有中关村这一条。20世纪80年代中期的中国,有头脑、有闯劲,不甘平庸的人们已意识到时代正在巨变,机遇垂青于勇士,实干家终将开拓新天地。

今天的中关村

"华夏"时期的陈春先

在山东青岛,一个叫张瑞敏的电器厂厂长,正准备引进德国利勃海尔的冰箱生产技术。

在广东三水,一个叫李经纬的酒厂厂长,将目光投向了运动饮料,把自己的产品命名为健力宝。

在北京中关村,一个叫柳传志的科研人员,虽然还不知道将来要做什么生意,但还是义无反顾地谋划着创办企业。

……

时间来到1984年,那年不仅是众多知名企业的"元年",也是中国改革开放的里程碑。

当时,深圳市的工农生产总值比特区创办前增长了10倍有余。尽管取得了这些成绩,领导们的心里却还在打鼓。"特区姓

'资'不姓'社'""深圳除了五星红旗还在，社会主义已经看不见了"……各种非议不绝于耳。同年1月至2月间，邓小平南下视察了深圳、珠海、厦门等地，提笔写下"深圳的发展和经验证明，我们建立经济特区的政策是正确的"的题词，结束了关于深圳特区的争论。

同年，邓小平还在上海参观了一个科技展。一个名叫李劲的十三岁小男孩，在电脑前为邓小平演示了一段小程序，那是一艘小火箭。邓小平很感兴趣，当场摸着小男孩的头说："计算机要从娃娃抓起。"记者们将这句话广为传播，直至全国上下无人不知、无人不晓，全民对电脑的热情瞬间高涨，不可逆转。

当这些新闻传到中关村之后，白颐路上的企业家们陷入兴奋、欣喜之中，他们几乎不约而同地确立了同一目标——走向计算机世界。

但也是在1984年，中关村科技创业第一人陈春先，却陷入了经营困境。

一年前，在得到中央领导的肯定后，陈春先、纪世瀛、崔文栋等人在服务部的原有基础上，先后成立了"北京市华夏新技术开发研究所""华夏新技术开发总公司"（后简称为"华夏"），后者成了全国第一个实行"技、工、贸一体化"运行模式的企业。

计算机热兴起后，陈春先通过将进口散件加以组装后转手倒卖的办法来兜售微型计算机。然而，这宗贸易没有让陈春先大赚一票，反而使他和"华夏"陷入了绝境。由于合同纠纷，订购设备一方拒绝提货付款，这导致了"华夏"的资金链断裂，无法偿还295万元银行贷款，合同双方最终对簿公堂。

"开始我们不服，这可是人命关天！295万元的贷款，怎么还？这机器还怎么弄？"纪世瀛回忆道。

官司一打就是6年，到了1990年，以"华夏"的败诉告终。其实在败诉之前，"华夏"已名存实亡。公司业务完全停摆，急于收回贷款的银行封存了公司账面上仅有的 370 元现金,继而又为剩余物资申请了诉讼保全。陈春先眼看着法警打开公司仓库,将两百多万元的商品打包装上卡车拉走,只留下那块"北京市华夏新技术开发研究所"的铁牌子。

"华夏"一共存在了 5 年,它惨淡经营,咬牙坚持,终因技术上无法突破,管理上有待提升,在市场竞争中败下阵来。但这无损于陈春先中关村第一人的时代价值,因为击败他的东西,正是他当年努力唤醒的东西。从这个角度上说,他的失败,也是他的成功。

不甘失败的陈春先曾试图东山再起,他将自己的公司改名为"华夏硅谷",想要再搏一把。这家公司一度把摊子铺得很大,在

陈春先的"华夏硅谷"

"华夏硅谷"产品

天津、北京、深圳,甚至香港都有分公司,有100多位操作员。如果这个项目进展顺利的话,每年陈春先的公司可以得到几十万美元的收入,但后来还是失败了。

血本无归还不是他最大的麻烦。1994年6月23日,一群来自江苏溧阳的警察闯上门来,以"诈骗罪重大嫌疑"为由,将陈春先押回拘留。后来的事实证明,此案不过是另一起经济合同纠纷。虽然陈春先的冤屈得以昭雪,可他的公司再也不能振作,1996年,"华夏硅谷"彻底倒闭。

"华夏硅谷"倒闭之后,陈春先屡败屡战。此后的几年里,他先后创办了十几家公司,但都陆续倒闭。陈春先创办的最后一家公司,叫作"陈春先工作室"。这家公司并没有注册,它对外公开

陈春先在"陈春先工作室"的名片

的办公地点,就是陈春先家里,因为此时他已没钱去租写字楼了。

2001年,陈春先被医生诊断患有冠状动脉粥样硬化性心脏病,还伴着心梗、糖尿病等8种疾病。雪上加霜的是,连续创业失败,导致他囊中羞涩,无法支付高额医疗费用。由于他早年就从中科院辞职,现在他连医保都没有。

"(陈春先)债务累累,病魔缠身,你知道他最惨的是什么?没有医保,没有劳保,看病不能报销,没有生活来源。"纪世瀛亲历了陈春先晚年的落魄。那时,陈春先曾给纪世瀛写了一封亲笔信,信中这样写道:"老纪,我在养病,心脏初步稳定,待查,行走站立有问题,尚不清楚原因。同时做一些事。社会保险的事只有安心等待情况明朗化,能解决一些问题也好。我的重点还在于把几件事整理一番,交给合适的人,自己当好顾问。当然需要争取一些支持,能正常发展。"

后来,经时任北京市两位副市长特批,陈春先补交了社

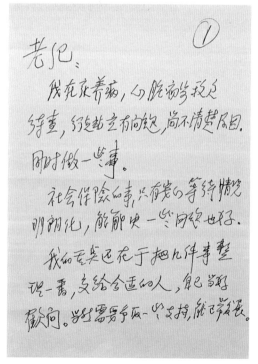

陈春先给纪世瀛的亲笔信

保，再补办了社保，这才解决了一定的困难。从信中可以看出，虽然晚年的陈春先病魔缠身，无钱医治，但依然没有放弃创业。

之后，陈春先打算将自己在中关村一套87平方米的房子以50万～100万元的价格卖给其他的公司，用以支付治疗费用，但没有公司愿和他做这笔交易。

很多人都说，如果陈春先没有从中科院出走，他早就是院士了，是能够享受到公费医疗保障的，但他放弃了这一切，并且毫不后悔。

冠盖满京华，斯人独憔悴。2004年，70岁的陈春先参加四通公司成立30周年大会，看着众多著名企业家，他对友人说："我怕是这里最不成功的企业家了吧。"友人安慰道："如果中关村今后立下记功碑，头一个刻上去的名字肯定是陈春先。"他听后很高兴。

70岁时的陈春先

多年后，于维栋这样形容当时的场景："我最后一次看到他，是在四通公司成立 30 周年大会上。见到他以后，我感觉他精神很好，身体也不错，所以就劝他说：'你不要搞企业了，就写回忆录。'当时他跟我讲：'我不是不想写，因为我现在手头有个项目，我放不下来。'"

2004 年 8 月 9 日，陈春先这位走出体制的勇士、中关村科技创业的先行者、创办过 20 多家公司却始终没有做大的企业家，突发心脏病与世长辞。

陈春先显然不是一个优秀的经营者，十多年来，他多次卷入经济纠纷，甚至还先后两次遭人绑架。他一度试图让自己变成一个企业家，但他从未学会企业家的智谋、眼光、果敢和手腕。可是，和陈春先一样在 1978 年走出国门的学者、教授中不乏智者，看出问题的人绝不止他一个，但回到中国后，只有他义无反顾地付诸行动了——他想以此来改变自我，甚至改变中国。

中国需要伟大的科学家，也需要伟大的改革家；需要思想者，也需要行动派。历史最终会怎样评价一个人？除了看结果，也要看初心。陈春先身无余财，却创造了一段传奇。"事了拂衣去，深藏身与名"，在他的背影后，是激荡着财富、创意、机遇和冒险精神的全新中关村，是已经融入城市血脉的中关村精神，是中国人为了美好生活而不断前进的壮阔画卷。

"'中关村现象'是市场经济和高科技结合后带来的区域性的发展，而且终会影响到全国的发展。所以说，在这种大规模发展里，一个企业，一个个体的成败，可以说是非常微不足道的，好像大海里的一片浪花。我从年轻时起，就是么追求的，到了这个年龄，想法也不会有什么改变，可以说无怨无悔。诚然，每一片浪花是微不足道的，但当所有的浪花叠在一起，就营造了波澜壮阔。"

中关村代表了国家战略的一个方向,是科学春天的必然产物,但在这个方向上,需要千千万万马前卒;在这个春天到来前,需要千千万万顽强的种子。

陈春先,他用一生的跌宕起伏,诠释了这种历史使命感,诠释了这种力量。他也将自己的名字刻在了中关村纪念碑的基座上。

第二章

此志须向
变革传

chapter two

无人知晓的蛰伏
只为一次光荣的起飞
日积月累的无声
只为一声嘹亮的呐喊
开拓者的青春
和年龄无关
创业者的激情
与梦想结盟
中关村风云四十年
此志须向变革传

——

让我们一起思考,创业征途上的深谋远虑。

1984年,柳传志还在中科院人事局工作。这一年他刚好40岁,正是不惑之年,但现在看来,让他疑惑、困惑的事情还会有很多。同年10月,他的领导把他叫到了办公室,从此,他开始了一种全新的生活。

对于当时发生的种种,柳传志如此回忆道:"改革开放后,中国科学家迎来了科学的春天。但当时还有件事让我很困惑,那就是我们研究室、课题组的所有科技成果,完成一个就放在一边,然后开始做第二个。所以我总觉得,我们做的事并没有给社会带来什么大的效益,我对社会也没什么大作用。因此,在1984年(实为1983年初),当周光召院长提出科学院要走'一院两制'的道路后,我心里特别高兴——这才是我想走的路,虽然大多数人可能没想过。总之,这是我的一个追求。"

1983年初,中关村创业第一人陈春先得到了中央的支持,科学家"下海"不再有争议。受"一国两制"启发,时任中科院副院长周光召提出了"一院两制"的改革方针,这样既能稳住基础研究队伍,又能让有产业抱负的人进入市场。

柳传志早年工作照

"一院两制"打开了闸门，知识分子的创业激情澎湃激荡，从耻于言利转向生财有道。到了1987年，仅中科院所属公司已有72家，占中关村企业总数的48.6%，几乎是中关村的"半壁江山"。

仅物理所和计算所，就诞生了中关村最具代表性的六家公司——名垂中关村史册的"两通两海"、陈春先的"华夏所"和柳传志他们的"计算所"。这些公司特征鲜明：市场有需求，他们有技术。和一般公司相比，他们最核心的资产其实是头脑。那些善于逻辑思维的头脑，经过市场的磨砺，就有可能创造出推动社会进步的企业。

胸怀大志，扬帆起航

万事开头难。1984 年 10 月 17 日，柳传志等 11 位中科院计算所的科研人员，就在一间小屋里揭开了联想公司的历史篇章。

当日，大家简单把传达室打扫了一下，摆了两张长条凳，就召开了联想公司历史上的第一次全体大会。第一个议题是确定公司名。"中国科学院计算技术研究所新技术发展公司"（后文简称"计算所公司"），这个名字又长又拗口，远不如后来的"联想"那样简洁而隽永，但它的确是联想控股的前身。因此，

1984 年，柳传志等 11 位科研人员在这间不足 20 平方米的小平房（中科院计算所的传达室）里创办了联想公司的前身。

联想公司的前身——中国科学院计算所公司

1984年10月17日便被视为联想公司诞生的日子。

　　1984年10月20日,即计算所公司成立三天后,中共十二届三中全会召开,党中央决定把改革的重点由农村转向城市乃至整个经济领域。而在两年前召开的"十二大"上,中央第一次提出要"建设有中国特色的社会主义"。生产力要发展,商品经济要繁荣,在中央精神的感召下,柳传志他们决心要大干一场。

　　计算所公司实行"自筹资金、自由组合、自负盈亏、自我审查",这就是中关村历史上著名的"四自原则"。"四自原则"也是那时候最大胆的体制创新。在计划经济还处于统治地位的年代,国有企业从生产到销售的各个环节都要听从国家的统一安排,并没有自主权。相比之下,"四自原则"给企业松绑放权，显得非常前卫，也走在了全国的前列。

而在柳传志看来，"四自原则"是一次主动出击般的试验："我主要是很想试试我们到底能怎么工作，因此就希望所里能把管理权限给得更充分，于是我首先要了人事权，其次是财物支配权，然后是业务的管理权。这'三权'都非常重要，对（公司）后来的发展起到了很大的作用。"

计算所对柳传志的支持，不只是松绑放权，还有"扶上马，送一程"的保障。所长曾茂朝给了柳传志20万元的创业资金，这是所里出租大型计算机积攒下的全部家当。对所有参与公司建设运营的计算所人员，所里均保留其原有职务和福利待遇。现在看来，这是后来国有企业"停薪留职"制度的雏形。

1984年，中科院同意计算技术研究所成立计算所公司，批复如下："你所一九八四年十月十一日关于建立'中国科学院计算技术研究所新技术发展公司'的请示报告收悉。经研究，同意你所成立新技术发展公司。文中要求院解决的问题，待逐项研究后再复。"

这份文件证明，计算所公司属于根红苗正的公有制企业。20世纪80年代，虽然私营经济已可以存在，但它们每前进一步几乎都磕磕碰碰。要想办事顺利，必须得挂靠在一个国有单位之下，这在当时被称为"戴红帽子"。

中关村早期的企业几乎都是公有制企业。科海、信通、四通……这些著名的企业，都是科研机构和行政机构联手的产物。不过，它们拥有了保护伞、护身符、通行证，但也有天生的机制弊端，最突出的就是产权不明。在企业成长初期，大家没有这个意识，等企业壮大、财富积累到一定程度，产权就成了一个很棘手的问题。不过，这都是后话了，柳传志的当务之急是先进点货、做点小生意，好让公司活下来。

"当时我和一个同事去深圳，那时的钱都是十元一张的，所以一千元钱是很大一摞。我太太专门给我缝了一个口袋，把这一千元钱都缝在里头，然后把口袋缝在内裤上，要想拿到钱，必须得把裤子拉开。这样就免得被人偷了。结果，我第一次去买东西时，看到一块样品表不错，到结账时才想起来钱在哪儿，所以弄得很狼狈。总之，有过这样那样很可笑的故事。"

1984年底，柳传志在深圳

从内裤里的1000元，到既定目标200万元，中间横亘着道路选择的问题："技工贸""贸工技"，听起来像是绕口令，但这实际上是企业的两种生存模式。"技工贸"的意思是把科技成果转化成产品，然后再卖出去。"贸工技"是指先靠贸易养活自己，积累经验和资金，然后进行自有品牌生产，再开展自主科技研发。

然而，当时中关村的企业并没有多少研发能力，更重要的是，

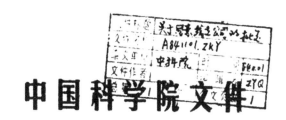

1984年，中科院同意计算机技术研究所成立计算所公司的批复

自主技术研发需要海量资金,而这对于中关村的诸多企业来说更是天方夜谭,所以,"技工贸"听起来美好,却不具备操作性,而"贸工技"才是最现实的路线。将"贸工技"落到实处,自然是电子产品贸易。

"怎么可能搞'技工贸'呢?当时的历史环境是不允许的。你都拿不到批文,根本没法生产,走什么'技工贸'?不可能。实际上,我们走的路是先替人家做代理,这其实就是'贸'的过程。渐渐地,当条件具备了,到了90年代,我们开始打出自己的品牌,这才能跟国外相抗衡。"由此,前科技工作者、后来的大企业家柳传志,不得不从事电子产品贸易。可是市场险恶,在一笔彩电贸易中,他20万元的创业资金一下子被骗走14万元。不得不说,这对柳传志他们来说是一次近乎毁灭性的打击。

好在天无绝人之路,一单进口微机生意,让柳传志的公司峰回路转。这是一笔维护组装电脑的生意,需要的仅仅是验收、组装等基本技能,不困

联想汉卡

难,但很辛苦。当时,柳传志请公司的业务经理李勤去中科院设备处处长那儿争取这单生意。可当李勤推开处长办公室的门时,他的心却凉了半截——信通公司的总经理金燕静捷足先登,已在办公室里的她,还礼貌地跟他打了个招呼。

最终,凭借公司的技术背景和自己在中科院的好人缘,李勤从信通公司手里争来了这单生意。这单生意给计算所公司带来了70万元的利润,但比这更可贵的是,柳传志他们发现,大家自创业之初念念不忘的"做自主品牌电脑"的愿望,并不是空中楼阁。20世纪80年代初,国外微机大量进入中国,而国人的计算机知识极度匮乏。既然公司背靠中科院计算所,有全国最得天独厚的技术条件,为什么不把主营方向放到计算机上来呢?

独辟蹊径,化险为夷

战场已经确定,那就需要武器。很快,柳传志就瞄准了一个宝贝——联想汉卡。

计算机诞生之初,只能在英文环境中运行。因此,若想让它在中国大地上生根发芽,就必须让它识别中文。而"联想汉卡"就是一套能让计算机识别中文的硬件。

对中国信息产业来说,早期的中关村做出的最大贡献,就是帮助中国人打开了通向计算机时代的大门。今天,在中关村创业博物馆里,仍展示着中关村历史上著名的"四大发明":联想汉卡、四通打字机、五笔字型输入法和方正汉字系统。它们代表了中国计算机产业的第一次技术浪潮,为中国的信息产业奠定了基石。

作为中关村"四大发明"之一,联想汉卡是联想公司历史上的第一款拳头产品,在中国信息产业史上占有重要地位。在最初的四年时间里,联想汉卡累计售出1.5万套,销售额达到了4500万元,为联想公司完成资本原始积累立下了汗马功劳。联想公司的名字就来自于联想汉卡,可见联想汉卡对联想公司的重要性。

但也是在这一年,麻烦来了。一天,物价局的官员来到联想公司,声称联想汉卡定价过高,牟取暴利,违反国家的价格政策,当场就要罚款100万元。他们的理由也很充分,因为当年的《物价管理法》规定,计算机属机电产品,其利润率不能超过12%,超过就是违法。而在那个物资奇缺的年代,倒卖电子产品的利润率动辄就是百分之七八十,因此,像联想汉卡这种紧俏又赚钱的商品,立刻引起了物价局的注意。

那一年,计算所公司的税后利润才70万元,这100万元的罚款足以让公司倒闭。当时,公司上下群情激奋,誓言要跟物价局打官司。据柳传志回忆,当时公司里新来的一些大学生给他出主意,认为公司完全可以召开记者会,说明这事是多么不合理。柳传志想了很久,才跟他们说:"咱们的主要任务是把企业办好,国家的政策如何,还真不是我们能改变得了的。算了,咱们认罚就完了。"而神州数码总裁郭为也认同柳传志的看法:"柳总说我们能告赢,但是你告赢之后,也就别办公司了。物价局你没准能告赢,那工商局呢?税务局呢?所有的机关都是联系在一起的,而你是在挑战整个体制。"

柳传志的想法,一如多年后他总结的那样:"大环境改造不了,就努力去改造小环境;小环境还改造不了,就好好去适应环境,等待改造的机会。我是一个改革派,之所以到今天还算成功,是因为我有个信条——不做改革的牺牲品。"柳传志要做的,是一个能发展壮大的企业。此后,他想方设法和物价局沟通，终于把罚款降到了 40 万元，使公司勉强度过了危机。

现如今，柳传志如此总结当时的经历："早期应尽量在政策边缘上前行。首先，你绝对不能踏进雷区，那是要出人命的。但是，如果完全按规定走，你就动弹不得，这是计划经济政策，甚至是它的文化，但我们想走的路是市场经济的路。所以，我们是在夹缝中求发展，的确非常难。"

让市场来定价，这是后来才有的共识，也是改革的重要方向之一。对中国来说，取消政府定价需要漫长的过程，中间还会有曲折反复，而柳传志被罚款，恰好就发生在价格改革的前夜。当时政府的最大矛盾在于，用计划经济的法律体系去管理市场经济的行为，其结果就是：看似理直气壮的动作，实际上是违背经济规律的。

而柳传志的曙光，来自改革本身。

20 世纪 80 年代末，中央决定实行"价格闯关"政策，即取消计划经济和市场经济混搭的价格双轨制，向市场定价领域挺进。"价格闯关"失败后，中央痛定思痛，认为只有系统全面的改革，才能从根本上解决定价问题。1992 年，经济市场化开始提速，很多困扰企业的体制、机制弊端逐渐被消除，而柳传志这批企业家，也在和政策的互动中，为改革提供了现实的启发。

科海公司创始人陈庆振这样形容 1992 年那些"吃螃蟹的人"："中关村电子一条街出现了一批集体所有制企业，它们不受计划经济的制约，做的很多事就触碰了计划经济的'高压线'。如果不去触碰甚至超越这些法律，就没有电子一条街，所以第一批创业者就生存在旧体制、旧法律的夹缝里，不知怎么就曲里拐弯地长出来了。"

而在诸多制度约束中，让企业家们感受最深的自然是高税费。当时，中关村的企业平均每赚 100 元钱，除去各种税费后就只剩约 20 元。为了减轻企业税费负担，在海淀区政府的鼓励下，中关村企业开始大量招收返城知青。20世纪80年代，大批返城知青没有工作，北京市为解决他们的就业问题，规定企业招收的知青人数如果能占总人数的60%，就可以免交3年的营业所得税。结果，从1984年到1989年，光四通公司一家就减免税金8600万元，这就等于获得了8600万元的投资。

这是一种朴素而精明的体制创新——知青有了收入，企业减负后有了更多资金扩大再生产。其结果是，虽然免税了，但企业壮大的结果是使税收来源更稳固，皆大欢喜，一荣俱荣。

当然，柳传志也从中受益，并逐渐在中关村站稳了脚跟。

1987年，柳传志得知国家体委打算进口12台IBM微机。他喜出望外，全力争取，终于拿到了这笔生意。但财神就在眼前，却还要过一道门槛——国家体委想买微机，却没有进口许可证，而这张关键证件，就在中国仪器进出口公司手里。

为了这张进口许可证，柳传志来到了中国仪器进出口公司，接待他的业务员是一个二十多岁的小伙子。一言不合，他便把柳传志一顿数落，赶出了大门。

人在矮檐下，不得不低头。在那个年代有句流行语，叫作"不三不四开公司"——商人都是体制外的人，是不被尊重的职业。因此，他们跟政府部门和国有企业打交道，遭遇白眼是很正常的事。不过，柳传志从来不是个意气用事的人，后来他又找到这个小伙子，耐心解释，化解矛盾，终于，进口许可证到手了，生意也做成了。

但好事多磨，许可证成功到手，收取利润时又横生枝节。柳传志手里没有货源，他的微机是从香港某集团进口的。在分配利润时，他发现对方少给了2万美元，这相当于全公司员工一年的工资。于是他直奔香港，历尽千辛万苦，终于要回了这笔钱。

1987年底，计算所公司已拥有 7345 万元的销售收入、550 万元的流动资金、400 万元的固定资产，这已远超当年他跟曾茂朝约定的 200 万元的目标。

政策助力，联想为名

1987 年，中关村电子一条街已有了相当的规模，每天到中关村采购的人流量最高达到 20 万人次。此外，中关村共有科技企业 148 家，从业人员达 4407 人，总销售额有 9 亿多元，占海淀区社会总收入的 37%。以著名的"两通两海"为例。1987 年，四通公司人均利润达 6 万元，信通公司达 5.2 万元，这可是北京国有企业人均利润的十倍以上。

蛋糕足够大，人人都有份，在容易赚钱的时代，同行不是冤家。对于这一点，柳传志感同身受："中关村的企业家们相互间都是很支持的。因为我们都认为，大家其实是在走同一条路。尽管平日里大家在业务上会有些冲突，但私底下还是会经常约个饭局，这种友谊一直保持到今天。所以，我和中关村的一些老人，包括海淀区的一些老领导，有时还经常见面。现如今，中关村的年轻企业家之间，关系处得也很不错。"

硬币总有两面，即便是中关村这样光灿灿的金币也不例外。由于市场经济监管体系还不完善，电子一条街乱象丛生。早期市场经济中存在过的不法行为，在中关村都是重灾区。久而久之，这条电子一条街逐渐被称为"骗子一条街"。

剪不断，理还乱，中关村陷入被不断举报、调查、整顿的恶性循环中，这似乎成了个停不下来的怪圈。1987 年 12 月 5 日，中央调查组第四次入驻中关村，领头的是中央办公厅调研室调查员于维栋。"当时，包括中国科学院、国家科委、中国科协、北京市政府、北京市科委、海淀区政府……总之是大多数有关部门，共同组成了一个联合调查组，每个单位出一些人，由中办来牵头。"

要知道，自1983年陈春先的服务社遭遇调查至今，关于中关村的各种举报和调查从来没有停止过。但这次的调查似乎有所不同，它并非是为接下来的清理整顿做准备，而是给中央的决策提供一个依据——中关村的繁荣和生机，与它的混乱和问题伴生在一起，决策者需要趋利避害，更重要的是通过解剖这只麻雀，为科技创新的体制改革寻找答案。

对于这次调查，于维栋这般回忆道："对中关村的调查，以前有过很多次。但后来他们发现，我们不是来抓人的，也不是来找毛病的，而是来支持他们的，于是他们的态度就大不一样了……

"我们这次来调查什么呢？主要目的是因势利导、借题发挥，不仅不是禁止他们，而且是通过我们的行为产生载体，建立一种新的体制和机制，来支持他们的发展。"

于维栋的努力没有白费。1988年3月12日，在《人民日报》头版头条上，全文刊登了于维栋的《"中关村电子一条街"调查报告》。这篇报告并没有对中关村的乱象进行过多的批评，反倒热情讴歌了中关村取得的成绩。其中这样写道："电子一条街的发展冲击了旧观念，冲击了科技和经济相脱节的旧体制，探索了科技与经济相结合的新路子，探索了我国高技术产业起步和发展的新路子，为科技体制改革、教育体制改革、经济体制改革提供了新的思路。"更为重要的是，党中央在《人民日报》公开发表这篇调查报告，无疑澄清了人民长期以来对中关村的误解，并公开表明了中央对中关村的肯定和支持。

第二章 此志须向变革传   049

1988年3月12日,刊登在《人民日报》头版头条的《"中关村电子一条街"调查报告》

1988年5月10日,国务院在这篇调查报告的基础上,发布了《北京市新技术产业开发试验区暂行条例》的批复(后文简称《试验区条例》),批准了中国首个高新区——北京市新技术产业开发试验区的成立,也就是今天的"中关村国家自主创新示范区"的前身。《试验区条例》只有18条,加上国务院的批复还不到3000字,然而它的内容却十分丰富,不仅总结了中关村电子一条街的许多有益尝试、借鉴了经济特区的经验,还有不少创新。

试验区的成立堪称中关村史上的重大事件和节点之一,也是我国科技改革创新史上的里程碑。从这一天开始,中关村彻底告别了过去自发探索、摸着石头过河、野草般无序生长的状态,开始正式纳入了政府的发展规划,开启了

国务院关于《北京市新技术产业开发试验区暂行条例》的批复

"发展高科技，实现产业化"的新征程。

在1994年出版的《北京民办科技实业大事记》中，记载了《试验区条例》的全文。文中有这样一条："新技术企业自开办之日起，三年内免征所得税。经北京市人民政府指定的部门批准，第四至第六年可按前项规定的税率，减半征收所得税。"这就是中关村历史上著名的"三减三免"政策。不同于前面提到的利用招收知青"打擦边球"的免税方式，该政策光明正大地为中关村企业减轻了税费负担，也受到了中关村企业家们的广泛称赞。

由此不难看出，政府转型已迈出了一大步——从"我管你"到"我帮你"、从"我发号施令"到"我提供服务"、从"我拦着你"到"我给你铺路"。此外，它还认真地探索了政府和市场的边界到底该怎样划定。正是这些可喜的转变，催生了后来中关村的飞速发展。对于这件事，陈庆振深有体会："过去你想成立一个公司，可是件麻烦事。税务局在哪儿你不知道，你得打听。然后，工商局在哪儿，物价局在哪儿，你还得一个个打听，根本找不到门。开发区成立以后，职能部门集中办公，成立公司、注销公司……各种各样的部门都在一个地方。"

此时的计算所公司已步入正轨，柳传志下定决心，要自己掌控货源。

1988年初，柳传志和香港导远公司、中国新技术转让有限公司各出资30万元，在香港成立了香港联想股份有限公司。该公司的办公地点是一个80平方米的小公寓，还是他跟合伙人吕谭平借钱买的。

1989年11月14日，柳传志在北京海淀剧院召开了更名大会，把"中国科学院计算所公司"正式更名为"联想集团公司"。一片喧嚣之后，八十年代就这样过去了。

1988 年，香港联想股份有限公司成立

大胆改革，终登王座

1990 年 11 月 23 日，人民大会堂热闹非凡，中关村所有的重要人物都集结于此，因为"庆祝北京民办科技实业创业十周年大会"正在这里召开。

自从 1980 年陈春先在物理所的一间破仓库里创立了中关村的第一家科技企业起，一晃已过去了十年。中关村在中国改革开放中的价值，需要一次总结；第一代中关村企业家破冰者的意义，需要一次表彰；中关村自身的沉浮兴衰，需要一次回溯。

大会对中关村 20 位著名企业家进行颁奖表彰，其中除了柳传志之外，还有四通总裁段永基、科海总裁陈庆振、信通总裁金燕静、京海总裁王洪德，等等。当然，这些人里少不了办起第一家科技企业的陈春先，虽然他创办的华夏所此时已濒临倒闭。

这是中关村对第一代企业家的一次集体致敬。与此同时，第二代企业家已悄然崛起，包括联想的杨元庆、新浪网的王志东、小米的雷军、百度的李彦宏，等等。

1990年，一句经典的广告词传遍大江南北："人类失去联想，世界将会怎样。"这是联想286电脑的广告词，也是联想公司自主品牌电脑的开路先锋。同年3月，联想286电脑通过检验，获得

1990年，联想286电脑在国内推出

了第一年生产 5000 台的生产许可证。到此，柳传志终于有了自主品牌的电脑。

可风云突变，仅仅两年后，中关村的电脑市场就被外国电脑所占据。

1992 年，随着改革开放步伐的加快，国家开始大刀阔斧地拆除计算机行业的"贸易壁垒"。撤掉掩体之后，国产电脑立刻暴露在国外同行咄咄逼人的攻击下。与此同时，联想公司的拳头产品——联想汉卡已日薄西山。20 世纪 90 年代初，计算机的汉字处理系统开始大行其道，汉卡这种技术过时了。

形势危急，在公司大会上，柳传志用"背水一战"来动员大家。在他看来，如果过不去这关，联想必死无疑。实际上，当时的柳传志已将形势看得清清楚楚："在这种突然袭击下，仅 1993 年一年，长城 0520 这个牌子就没了。作为当年最小的公司之一，联想面临的无疑是灭顶之灾。"

1994 年 3 月 19 日，柳传志成立了联想微机事业部，杨元庆出任事业部总经理。杨元庆，1964 年生人，比柳传志小整整 20 岁，是 1988 年第一批经过大学招聘进入联想公司的年轻人。入职三年后，它就被任命为计算机辅助设备部总经理，此后的两年间，他的销售业绩从三千万元增长到了三亿元。

时至今日，柳传志承认，把杨元庆推出来是"拼命赌一把"："选杨元庆并非很有把握，但在某些方面，他显示出了优秀的品质和学习能力。因此我才挑了他。"事实证明，柳传志的确押对了宝。在他的全力支持下，面对外国电脑的凶猛进攻，杨元庆一举稳住阵地，打赢了一场攻坚战。其实，杨元庆扭转乾坤的方法并不复杂，就是用技术和品质均不输国际品牌的产品和更亲民的价格，让联想电脑走到更多中国消费者的身边。他把生产电脑的所有环节的成本降到最低，甚至连机箱都做得很薄。最终，联想公司推出了我国电脑史上第一台 1 万元以下的 286 电脑。与此同时，杨元庆还学到了惠普的分销模式，并在全国建立了 200 家联想电脑代理商，从而拥有了稳定的销售渠道。

1994年，29岁的杨元庆被任命为联想微机事业部总经理

1994年，联想微机事业部成立

1994年初，联想公司将企业模式由传统的大船模式改为了可灵活适应市场变化的舰队模式。联想公司成立了微机事业部，直接与市场接轨，及时调整机型及价格，使产、供、销紧密相连，增强了与国外公司的竞争能力。联想微机的销售量保持着强劲的增长势头，联想的"微机反击战"也被《人民日报》在头版报道，可见这件事在当年的影响力之大。

多年后有学者评论，如果当年联想没有打赢这一仗，全世界IT行业的格局将会被改写。这是联想的反击战，也是中关村进入新时代的标志之一。随着改革开放的加速，中关村成为了科技和资本结合的新海域，财富和技术的洋流更加浩荡。

1993年，从春天到夏天，中关村每周有32家内资公司和9家外资公司诞生，至少200名新员工加入其中；每天都有98万美元资本流进来，又有2亿多元人民币的货物被卖出去。等到夏天结束时，已有6万多人在4000家公司里工作，无论是企业数量还是职工数量，都比五年前增长了20倍。此时中关村给人最直观的感受就是"大兴土木、吊塔林立"，每天都有数以万吨的水泥浇灌在这里。

此时，身处计划经济向市场经济转轨的洪流中，面对诸多商业和政策风险，柳传志和联想在大风大浪中努力前行。

作为一家高科技企业，如何让年轻人走上重要的领导岗位；如何更好地激发员工的主人翁意识；又如何在中国科学院的支持下，建立起更具竞争力的市场化机制体制，都逐渐被提上日程。但联想公司的股权改制并非一帆风顺。由于当时国家并没有相关制度，股权改制无法一蹴而就。在"开明婆婆"中科院的支持下，联想公司于1993年获得分红权。到了2001年，由北京市体改办牵头，经其与科技部、科学院、财政部的联合商讨，批准了联想公司的股份制改造方案。这一改造历时整整8年。关于当时的细节，柳传志这般回忆："所

1995年1月22日的《人民日报》头版刊登了题为
《打响中国自己的名牌——联想集团的理想和实践》的文章

以，周院长跟我们商量，给出了一个折中的方案：'我们算是你们的大股东，可以奖励你们利润，将每年利润的35%作为给创业者和员工的奖励。'这样的话呢，我们就拿了这个钱，拿回来以后，我并没有把它分了，而是存起来了。到了2001年，中央提出高科技企业应该实行股份制改造。我看时机差不多成熟了，就积极申请用当年给我们的这些奖金，买回那35%的股份，等于做了试点。"

2000年1月5日，联想集团控股公司向中科院高技术产业发展局递交了一份题为《关于对联想集团控股公司进行改制的请示》的文件。5天之后，他们就得到了回复——由中科院高技术产业发展局签发的《关于同意联想集团控股公司改制的批复》，内容如下："你公司《关于对联想集团控股公司进行改制的请示》[联控字（2000）001号]收悉。经研究，同意你公司按照《公司法》改制为有限责任公司，请按规定办理有关手续。"这份批复标志着联想股份制改造的成功。

1997年，联想电脑在国内的市场占有率已达10.7%，由此，它终于取代了IBM，坐上了国内电脑市场的头把交椅。此时，白颐路上车水马龙，漫步其中，满眼都是张贴的广告。要知道，至少有5000个商家汇集于此，它们吞吐着全国80%的计算机产品。越来越少的人说他们是骗子，越来越多的人把他们视为启蒙者。

中关村永远有张年轻的脸。而在2001年，联想公司也华丽转身，换了一张脸——柳传志将公司拆分为"联想集团"和"神州数码"，又在两家公司之上建立了母公司——联想控股。时至今日，联想控股形成了"战略投资＋财务

联想集团控股公司

联控字（2000）001 号

关于对联想集团控股公司进行改制的请示

中国科学院高技术企业局：

　　为了建立适合高新技术企业特点的产权激励机制，充分调动企业经营者和骨干员工的积极性，促进联想集团在科技产业化的进程中发挥更大的作用，我公司现申请对联想集团控股公司进行改制，并按《中华人民共和国公司法》进行规范。请予批准为盼！

《关于对联想集团控股公司进行改制的请示》

中国科学院厅局文件

产字〔2000〕005 号

关于同意联想集团控股公司改制的批复

联想集团控股公司：

你公司《关于对联想集团控股公司进行改制的请示》[联控字（2000）001号]收悉。经研究，同意你公司按照《公司法》改制为有限责任公司，请按规定办理有关手续。

二〇〇〇年一月十日

主题词：公司　改制　批复

中国科学院高技术产业发展局	2000年1月11日印发
校对：陈树堂	打字：陈文开

《关于同意联想集团控股公司改制的批复》

1997年,联想电脑斩获"中国市场份额第一"的殊荣

投资"双轮驱动的独特业务模式,希望通过"资本 + 经验"帮助更多的中国实体经济和创业创新企业成长。该公司的战略投资业务涉及IT、金融服务、创新消费与服务、农业与食品、先进制造与专业服务等五大领域;而在财务投资领域,它则拥有君联资本、弘毅投资、联想之星三家基金,形成了覆盖企业成长生命周期的完整的财务投资产业链。

柳传志,那个小心翼翼踏入商界的中年人,从什么赚钱就干什么开始,顺应着时代发展的潮流,在中关村特有生态环境的加持下,以一往无前的勇气、探索和坚持,成功驾驭了技术和资本,成就了自己的商业帝国。

时势造英雄,英雄造时势。在中关村,有一种时势从未改变,那就是创新。当年柳传志的创新,被他总结为"夹缝里求生存",即在改革到位前,用各种变通手段打开前进之路。这种自发的探索和创新,自有其破冰价值。而中关村最波澜壮阔的创新历程,是在改革开放中吸取教训、总结经验,进而打破一切阻挠创新的壁垒,消除一切不利于创新的弊端,创造一切激励创新的条件,营造让创新激情奔涌的环境。

对于中关村的吸引力和号召力,中关村科技园区管理委员会主任翟立新有着这样的见解:"中关村的活力和对创业者的吸引力来自两个方面。一是改革,改革的核心是促进科技和经济的紧密结合,充分释放科技人员的创造力和创新

2001年6月1日,神州数码在香港联合交易所主板挂牌上市

力。二是创新,中关村是我国科教人才资源最为密集的区域,所以在信息技术发展的时代,中关村始终在引领潮流。"

正是这种持之以恒的改革和创新,成就了柳传志和他之后的"群星",也将成就未来的"创新银河系"。

第三章
殊途同归成大道

chapter three

太阳照常升起
万千耕耘都为收获
江河奔流不息
每条支流都在激荡
足够辽阔的中国
注视着跌宕起伏的奋斗
无比坚定的变革
孕育着无比绚丽的创造
中关村风云四十年
殊途同归成大道

———

让我们一起感受，改变生活的执着求索。

1993年底，美国国家科学基金会来信，同意中国接入Internet骨干网。这是漫长而艰难的谈判结果，也是审慎决策的结果。它标志着中国已有足够的自信，愿意在改革开放15年时在虚拟世界里敞开大门，就像在现实世界里所做的那样。

1994年4月19日深夜，中科院计算机网络中心的工程师李俊正在值班，突然发现他们的局域网可以向外接通了。惊喜之下，他登录到美国一所大学图书馆的网站上，继而兴奋地通宵浏览国外网站。第二天，他把这个喜讯上报给了领导。因此，1994年4月20日被正式定为中国开通全球互联网的纪念日。

短短两年后，到了1996年，北京市媒体经调查发现，北京市47.7%的中学生家里有电脑或学习机、81.1%的中学生用过电脑、100%的中学开设了电脑和计算机课。而学生们谈论最多的话题之一，就是"谁将成为未来中国的比尔·盖茨"。

同年，比尔·盖茨给公司3万名员工发了一封电子邮件，承认自己没有及时进入互联网大潮是个错误，而这封邮件的题目正是"互联网大冲浪"。随后，他让员工们删掉电脑里的所有旧程序，全面迎接新时代——互联网时代。

辞旧迎新，投石问路

1997年，王志东在美国硅谷拜会银行家和投资人，为自己的企业寻找风险投资。风险投资是一种融资方式，顾名思义就是掏钱扶持初创企业，取得企业股份，并承担被投资人创业失败的风险，简单说就是：你看好我，你就掏钱支持我。成功了有福同享，大家都有赚头；失败了有难同当，你的投资打水漂。

现如今，中国人都很熟悉这种模式了，但在20世纪90年代末，它还没有登陆中国。王志东如果能顺利融资，将成为该领域第一个吃螃蟹的人。

王志东的"四通利方"是在四通集团的支持下创立的一家信息技术公司，主要靠软件起家，每年在软件上的收入有数百万元。

王志东

王志东与美方投资人会谈

当时,王志东之所以急着找钱,是为了转战新市场,那就是互联网。

结果,这个想法和美国投资人不谋而合。

从1993年开始,互联网出现在美国人的视野中,海量的信息资源、即时的群组通信、全球性的电子商务……这些新奇的体验迅速捕获了大量用户,让众多企业看到了商机,也让投资人嗅到了收割的气息。

王志东赴美寻找投资的时候,美国大部分上市公司都已拥有了一个公开的网站。越来越多的公司在其名字上添加"e-"前缀或".com"后缀,凡是这样做的,其股价均有了大幅增长。但美国投资者对投资中国公司仍然心存疑虑。1997年年初,中国改革开放的总设计师邓小平刚刚逝世,投资者们围着王志东询问:"中国的政局会怎样?"三十岁的王志东回答道:"我这个年龄的人,已经看到了世界是什么样子,已经接触到了硅谷的气氛,我们怎么可能容忍中国倒退呢?"

凭借对中国改革开放的坚定自信,王志东成功打消了美国人的疑虑。在他离开美国时,美国三家投资机构的 650 万美元已进入他的账户,条件是王志东出让公司 40% 的股份。

几乎是同一时间,来自麻省理工学院的博士生张朝阳创建了他的网站"爱特信",他 22.5 万美元的启动资金来自两位美国教授。只不过,此时的张朝阳还不知道这个网站能做什么、怎么赚钱,他只确信一点:不要错过潮流,先登上正确的渔船,至于怎样下网捕鱼、能捞到多大的鱼,有的是时间和机会学习。

还是在 1997 年,成名于华尔街,在信息搜索领域已小有名气的 IT 工程师李彦宏,刚刚收到了著名互联网公司 infoseek 的工作邀请。

张朝阳拜访雅虎

张朝阳创建搜狐前身爱特信

学生时代的李彦宏

春意盎然，各显神通

如果我们因此把 1997 年看作中国互联网发展过程中的关键一年，显然是"事后诸葛亮"，毕竟那时谁都看不出王志东、张朝阳和李彦宏会走多远。但，对于 1997 年来说，它身上有个人所共知的标签——互联网概念进入中国十周年。正所谓"十年树木"，互联网的树苗已在中国生长了 10 年，该有点春意了。

1987 年，第一封电子邮件从北京计算机应用技术研究所发出。而到了 1997 年，中国互联网信息中心的统计表明，当时全国共有可上网计算机 29.9 万台、网络用户约 62 万人、万维网站点约 1500 个。星星之火的燎原之势已然隐约闪现。

不过，与任何生态系统一样，网络世界也有新陈代谢。1997 年，中国互联网的先驱"瀛海威"开始走下坡路。瀛海威是国内最早的民营因特网服务提供

瀛海威网络科教馆内场景

商，他们曾在白颐路上立起过一块巨大的广告牌，上面赫然写着："中国人离信息高速公路还有多远——向北 1500 米"。而广告牌所指的地方，正是瀛海威公司的网络科教馆，公众可以在那里阅读电子报纸、在网上和来自天南地北的朋友交谈，还能在论坛中畅所欲言。技术人员则耐心地给用户讲解网络知识。

瀛海威公司起到了网络世界"布道人"的作用。可是，既然是布道，就难免苦修，而苦修的重要原因，是布道者往往无法牟利。

1997 年，瀛海威接受了北京信托、兴发集团等多方投资，开始急速扩张，但它始终没搞清楚：网民们需要什么？网站能提供什么？网站靠什么才能让网民们心甘情愿地付费浏览？普及网络知识，并不能构成持久的利润来源。随后的日子里，创始人张树新逐渐感到了来自市场的寒意。

有时候，来得早，不如来得巧。

与寒冬中的张树新不同，王志东觉得春天来了。得到 650 万美元的风险投资后，他的新网站"利方在线"开始发力。

他创小网站的初衷是想在网上卖软件，为此他还专门建立了自己的软件论坛，下设多个版块，以解答人们在使用过程中遇到的问题。可出乎他意料的是，软件论坛反应平平，体育论坛却异常火爆。这真是无心插柳柳成荫。

1997 年 10 月 31 日，大连金州体育场，中国国家男子足球队在 1998 年世界杯亚洲区预选赛十强赛中主场迎战卡塔尔队，结果吃到一场败仗，第六次冲击世界杯前景黯淡。第二天凌晨 2 点 45 分，一篇题为《大连金州没有眼泪》的帖子瞬间引爆网络，48 小时内点击量超过两万次，成为中国第一篇引起公众轰动的网络文章。

此时，互联网世界惊人的传播能力第一次真实地展现了出来。网站经营者敏锐地感知到，新闻或许才是最能发挥互联网长处的地方。与此同时，美国互联网的数据也表明,新闻频道是各网站中点击量最高的频道。

于是,王志东和他的团队决定改弦更张,加大对新闻报道的投入。1998年年底,四通利方宣布并购北美的华渊资讯网,并正式更名为新浪网。

和在本土崛起的王志东相比,张朝阳有着先天的国际优势。他毕业于麻省理工学院,习惯在媒体上营销,对取得全球融资的方法也很熟悉。利用英特尔和道琼斯的214万美元投资,张朝阳推出了一个全新的网站。当时他已经意识到:所谓网站,就是"让人们很容易地找到想要的东西"。

基于这个认知,中国首家大型分类搜索查询引擎——搜狐网问世了。"出门靠地图,上网找搜狐"一度成为网民耳熟能详的广告语。

搜狐问世发布会

发布会上试用搜狐的场景

早期搜狐公司的办公环境

搜狐月访问量突破百万大关

实际上,搜狐的成长是学习了当时如日中天的互联网传奇公司雅虎。雅虎是全球第一家市值超过千亿美元的企业,它以搜索起家,不断延伸产品线、扩大服务范围,最后变成了一个门户网站。沿着与雅虎同样的道路,1999年,搜狐从搜索引擎出发,推出新闻和其他内容频道,逐步变为一个多元化的信息发布平台,终于成了中国门户网站最初的霸主。

"数十万留学生里,看到互联网的发展机会,又敢于回国把它实现的,我是第一个。互联网是关于资讯的,一个人只要通过点击就可以获取想要的资讯,这种'主动获取'无疑能全面提升中国人的智商,让中国人变得更聪明。在美国待了那么多年,我特别希望中国能变得强大。"张朝阳的肺腑之言,化为了一段成功的互联网创业之旅。2000年，搜狐网以举世瞩目的扩张势头，在纳斯达克成功上市。到了三年后的夏天，搜狐网又打破了中国互联网企业无法盈利的魔咒，率先实现了盈利。

现如今，张朝阳将盈利的首功划给了短信业务："当时的情况是，如果公司能融到资金，经济状况就没问题。但商业模式，也就是怎么赚钱的问题仍然存在，毕竟仅靠网络广告，利润涨得太慢了。当时，中国的企业还没有多少营销意识，国有企业缺少专业人才，民营企业规模又没那么大，这就导致广告领域的成长速度很慢。到了2002年，中国移动推出了短信业务。显然，互联网的特点就是用户基数很大，如果每个用户都付点钱的话，互联网公司就可能会赚钱，所以，短信的出现给了互联网公司一个机会，搜狐也就理所当然地盈利了。"

张朝阳在刚成立的搜狐公司

万事俱备，传奇诞生

互联网公司的运营逻辑是：经营者通过"烧钱"的方式吸引和聚拢用户。只要用户数量足够多，将来总能找出盈利空间。相对地，投资者看中的也是庞大的用户基数：只要有人在，就有需求。那么，总会有一款产品或服务能让用户掏钱。

正是这种投资观念，催生了中关村的大批神话。

2000年，亚信、UT斯达康、新浪、搜狐等公司先后赴美上市，它们的股价节节攀升，造就了一大批年轻的财富拥有者。一种新经济的潮流正在酝酿。在这种潮流里，没人生产坛坛罐罐、衣帽鞋袜或柴米油盐，因为能换来钱的是知识、创意。这是知识经济的曙光，也是眼球经济的雏形。

新晋的财富拥有者，新创的商业模式，迅速扭转了中国人的财富观念，甚至连一向谨慎的柳传志也开始尝试改变。由于之前错失过投资搜狐的机会，柳传志一直有心追赶下一波互联网高潮，于是，他先以3537万美元的价格收购了"赢时通"网站，又在电视节目中公开宣称"准备烧一个亿"。

在资本、企业和网民的共同推动下，2000年，中国的互联网开始蔓延式增长，仅在2000年春天，中关村新诞生的149家企业里，就有50家公司在搞网络，这比之前全中国的网络公司加起来还要多。

不仅是公司，人也一样。1998年，网民的数量是204万户，到了2000年，这个数字已翻了十倍。老百姓开始习惯上网；企业家谈业务开始说"电子商务"；记者们为写文章在网上寻找材料；制造商在网上为产品寻找买主；海淀区准备建立数字园区，还宣布政府要在网上办公。

在极短的时间里，中国人就迈入了网络文明的新时代。

李彦宏

对"走进新时代"的最直接体现,是 2000 年前后的名片。在那张小小的纸片上,不单有公司名、经营业务、姓名、地址、电话,它的最下方还增加了两个新元素——个人邮箱和公司网址。时隔多年,我们仍能从这些名片里感受到网络带给人们的变化。原因在于,中国的第一代网民之所以这样做,不仅是为了方便业务沟通,也是为了让自己更时髦。

而硅谷的工程师李彦宏,正是看到了这样的名片,才做出了归国创业的决定。

李彦宏对搜索引擎情有独钟,这可能和他的科班出身有关。本科时,他就读于北京大学信息管理专业,后来在纽约州立大学布法罗分校获得计算机硕士学位。他创造性地将信息管理中的科学引文索引机制和网络上的超级链接联系起来，完成了超链分析技术的研发，这项技术被广泛应用于世界各大搜索引擎，因此成为搜索引擎领域著名的技术英才。

1997 年，李彦宏在加入 infoseek 后，便一直担任其首席架构师。可好景不长，1998 年后，公司决策者决定与传统媒体结合，做一个无所不包的门户网站，对搜索引擎的重视程度已大不如前。李彦宏曾一度试图说服老板收回成命，但所有努力都无济于事。这时他意识到，自己只是工程师，而不是决策者，无法左右战略走向。要想自己说了算，就得自己做老板。现在的问题是，他到底能在哪里做老板。

1998 年，李彦宏短暂回国，在清华大学做技术讲座，展示自己的超链分析技术。台下的听众里刚好有一些搜狐公司的员工，他们看出了这项技术的应用前景，纷纷劝李彦宏回国创业，但他觉得时机并不成熟。

一年后，李彦宏再次回国，这次他是作为留学生代表参加国庆五十周年庆典。回国后，李彦宏收到了许多印有电子邮箱和公司网址的名片，这让他动心了：

李彦宏在清华大学做技术讲座

既然互联网已经飞入寻常百姓家，那么这就意味着，眼前是独一无二的大市场。

回国创业的李彦宏几乎不假思索地选定了中关村，也恰好在这一时期，中关村出台了一系列吸引"海归"创业的政策：

几个月前，国务院刚刚将中关村从"试验区"改为"科技园"。与之配套的扶持政策，以及中关村的服务诚意，共同造就了一个优越的营商环境。

2000年初，海外学成归国的留学生开始成为重要人物，他们被简称为"海归"。81%的中国科学院院士、54%的中国工程院院士、63%的博士生导师、78%的国家部属大学校长都出自"海归"阵营。当时，如果留学生想注册公司，只需要六天半的时间办理手续，还有机会获得免费租用40平方米办公场地一年的优惠；如果你的公司被认定为有前途，会获得八万元的"留学生创业扶持资金"，不用还；如果你面临资金困难，需要小额贷款，政府甚至会提供担保和利息补贴；如果公司赚钱了，想要离开中国，你还能把人民币全部换成外汇带走。要知道，当时我国还有着严格的外汇管理制度，中关村作为先行先试的"试验田"，是唯一的例外。

李彦宏归来，真是天时、地利、人和样样都有。于是，2000年1月，在位于颐和园路1号的北大资源楼，李彦宏的百度公司鸣锣开张了。对于"百度"这个名字的由来，他自有说法："'百度'一词出自南宋词人辛弃疾的作品《青玉案·元夕》里的名句'众里寻他千百度，蓦然回首，那人却在灯火阑珊处'。我们起这个名字，主要出于两方面考虑。一方面是要让中国人都能听得懂；另一方面要足够简短，跟搜索有一定的关联，又不是很直白……总之，要有一种含蓄的风格。"

从"百度"这个名字中，我们就能看出李彦宏内心深处强烈的中国色彩。正因如此，百度公司的发展方向也锁定在了中文搜索领域。仅用了四个月的时间，李彦宏的团队就开发出了第一款中文搜索引擎。之后很短的时间里，百度成功拿下搜狐、新浪、网易、263 等大型门户网站，成了它们的搜索引擎技术提供商。

寒冬已至，冷暖自知

从籍籍无名到举足轻重，百度公司只用了不到一年时间。无论是投资人还是员工，对公司的未来都非常乐观。但也正是此时，一场巨大的风暴开始席卷整个 IT 界。

从 2000 年 4 月开始，纳斯达克股市开始急剧下滑，思科、雅虎、亚马逊等网络公司遭到了前所未有的重创，不得不大规模裁员，成千上万的 IT 人才失业在家——互联网的寒冬来了。

中国的诸多互联网公司在美国上市，所以纳斯达克的寒潮很快就席卷了中国。中小网站免疫力低下，接连关门倒闭，大的互联网公司日子也不好过。搜狐的股价一度跌至每股 60 美分。这是一个极为危险的数字，随时都要面临被纳斯达克摘牌的风险。张朝阳的办法是用公司现金回购股票，两股并一股，三股并一股，誓要保住 1 美元的股价。依靠庞大的体量，搜狐挨过了这场危机，此时的张朝阳依然是搜狐的张朝阳。

然而，王志东已经不是新浪的王志东。2001 年 6 月 4 日，新浪网主页的显著位置刊登了这样一条新闻："首席执行官王志东已经因个人原因辞职，同时，他还辞去了新浪网总裁与董事会董事的职务。"6 月 25 日，王志东召开媒体会，否认自己辞职，并质疑新浪董事会的决定，双方的矛盾就这样暴露在了公众面前。王志东接受采访时称："我从来没有提出过辞去新浪网 CEO、总裁及董事会董事的职务，也从来没有签署过相关文件。在这事发生前，我并没有得到他们采取这一行动的任何通知。我认为这是出卖，我并非要强调是某个人出卖了我，而是我始终相信，是某种力量促成了这样的出卖行为。"

几乎所有的舆论都倒向了王志东——这位 33 岁的年轻人是新浪网的缔造者，董事会里的每个董事都是他亲自开门迎进来的。可现在，这些人却联手将他扫地出门，这在此前的东方商业伦理中是难以想象的。

但在资本看来，又是另外一番景象。新浪自上市以来，股价从最高的每股 55 美元跌至每股 1.6 美元。要知道，新浪的股东们先后投资了 1.6 亿美元，投资成本均价是每股 4 美元——如果不能遏制股价下跌，所有人都将血本无归。在股东们眼中，王志东面对跌势无所作为，甚至并未打算有所作为，因此，换掉掌舵者就成了董事会顺理成章的决定。

很难说谁对谁错，但资本自有其逻辑，不能容忍失血过多。

被资本炒鱿鱼，也许是中国互联网企业还不够成熟的标志，当他们找不到不可替代的产品时，无法形成迥异于老式公司的生存逻辑，自然就缺乏不可撼动的力量。

新浪该向何处去？这个问题也在拷问李彦宏。

经营百度，让李彦宏心力交瘁，几次住院。2001 年 8 月，百度公司的董事会是在李彦宏的病房里开的。在这次电话会议里，他提出了一个计划，要做独立的搜索引擎网站，"我做搜索引擎公司，肯定希望我的技术越来越强，做得越来越好，有越来越多的用户。可是，我客户们的目标不是这样，它们想的是'能不能再便宜一点'。倘若我的目标和客户的目标不一样，那这事做不长久。"

但是，李彦宏的转型方案遭到了几乎所有股东的强烈反对，道理很简单：当时百度公司的全部收入来源都是为门户网站提供搜索服务，如果自立门户，那些门户网站一定会反对，这样公司的主要盈利点也就没了。与其冒险一搏，不如稳扎稳打。

李彦宏想尽一切办法来说服投资者，但股东们仍很坚决，最后李彦宏干脆对着大洋彼岸的股东们大吼起来："不让百度做独立搜索引擎网站，那谁也别干了！"在外人眼中，李彦宏一直是位谦谦君子，但在这次的董事会上，股东们第一次见到了如此强悍的李彦宏。最终，李彦宏的意志取得了胜利，投资人告诉他："是你的态度打动了我们，而不是你的论据！"

2001年9月22日，百度公司正式推出了面向终端用户的搜索引擎网站。过去，百度公司是替门户网站打工，现在它终于从后台走到前台，开始为自己打拼。很快，百度简洁实用的界面迅速占领了各家用电脑的主页。"有问题百度一下"最早在中关村

李彦宏

流传开来，又很快走向全国。今天人们已经习惯于把上百度搜索称为"问度娘"——在大数据技术的支撑下，"度娘"无所不知。

至此，李彦宏完成了一次螺旋上升：先是带着搜索引擎效力于门户网站，又带着搜索引擎独立于门户网站，并以此改变了互联网的生存方式。这必将震撼互联网，并引发新的改革浪潮。

2005年8月5日，百度公司在纳斯达克挂牌交易，首日开盘价是27美元，收盘价则达到了122.45美元，当日涨幅就高达353%。这家创建不到五年的公司，一天内就让自己的市值达到了39.58亿美元。而李彦宏因拥有22.9%百度股份，身价超过9亿美元。又一个活生生的传奇，一个几乎爆发式登场的传奇，带着光环出现在世人面前。在当年的员工大会上，李彦宏将这份荣誉分给了公司的每一个人："这次成功是大家一起努力的结果，不是靠我一个人，不是靠我们这个团队，而是整个百度，是大家共同创造了历史。你们为中国带来了骄傲，谢谢你们！"

耀眼的海归创业者，也是时代引领者。

如果说陈春先、柳传志们代表了中关村的第一个十年；王志东、杨元庆们代表了中关村的第二个十年；那么中关村的第三个十年，则是由李彦宏、张朝阳等一批海归创业者来延续辉煌的。

2005年，在百度公司上市后，中关村里登陆纳斯达克的公司达到了11家，占全国的一半。在外国资本的眼中，中关村变得越来越重要。IBM、微软、谷歌、英特尔等国际公司开始在中关村建立研发基地，它们连同原来的民营公司和留学生公司，形成了中关村的"三个方面军"。三者浩浩荡荡、齐头并进，在100平方千米的土地上建立了各自的阵地。这就意味着，成长于中关村的企业将直面国际巨头的竞争。

不久，来自大洋彼岸的谷歌公司，便开始挑战百度在中文搜索领域的霸主地位。刚一进入中国市场，谷歌就席卷了 500 多万用户。要想抵御住谷歌对中国市场的进攻，李彦宏就必须比对手做得更好。可在员工们眼中，这却是不可能完成的任务：当时百度的技术人员只有 15 人，而谷歌却有 800 人，且都是世界顶级的搜索引擎专业人才。显然，两者根本不是一个量级。

但李彦宏认为，成事的关键是做事的态度和决心，他不断给员工们鼓励打气。

2002 年初春，李彦宏又因过度劳累住院了。为了挑战谷歌，他提出了一个"闪电计划"：在 9 个月时间里，全面提升百度的页面速度、内容更新频率等硬指标。到 12 月"闪电计划"结束时，百度的中文搜索量一路飙升，在技术领域已完全处于中文搜索引擎市场的领先地位，有些指标甚至超过了谷歌。

这场反击战的结果是，百度以技术优势保住了市场份额。而它给整个互联网产业的最大启示是，互联网企业的专业主义色彩不能动摇。李彦宏是在自己擅长的搜索领域创业，只要他还想吃这碗饭，就必须保持这个领域的研发和创新态势，否则，在喜新厌旧的用户和卧薪尝胆的对手面前，必然不进则退。

推陈出新，重现生机

互联网企业崛起迅速，赚钱很快，但如果不及时转型，对新事物不敏感，衰退得也很快，这就逼迫它们不得不随时准备抓住新趋势、新机遇。

2008 年，搜狐成为奥运会互联网内容服务赞助商，同时也在搜索、游戏等方面做了布局——搜狐旗下的搜狗、畅游在美国上市。随后，搜狐视频又凭借美剧和自制剧独树一帜。

张朝阳与章子怡在希腊见证圣火采集

张朝阳在三亚站参与奥运圣火传递

"BAT 三巨头"

搜狐的转型并非孤例,自 2009 年起,中国的互联网产业发生了决定性的变局——由昔日新浪、搜狐、网易组成的"门户网站三巨头"时代,逐步向百度、阿里巴巴、腾讯的"BAT 时代"转轨。

不过,这不等于老巨头就没有了生机。

互联网竞争固然残酷,因你失去竞争力就不得不退场;但互联网竞争也非常仁慈,只因无论何时,只要你有了新的创意,它又能满足市场需求,你随时都可能重新返场、一鸣惊人。

自 2000 年上市后,短短六年时间,新浪公司的掌舵者已换了四位。高层的频繁更迭使得新浪在发展过程中难以有统一的使命和方向;在业务上也难以形成专注点,这也导致在游戏、视频、音乐、电商等热点产业里,都缺少了新浪的身影。

曹国伟

学生时代的曹国伟

2017年"微博之夜"

2006年，曹国伟接掌新浪，成为新浪第五任CEO。虽然比王志东还大两岁，但曹国伟并不是传统意义上的中关村企业家。在美国取得硕士学位后，曹国伟就职于四大会计师事务所之一的美国普华永道公司，之后加盟新浪，先后任主管财务的副总裁、首席财务官、首席运营官、总裁和CEO等职。2012年8月，他出任新浪董事长，成为了新浪历史上第一位董事长兼CEO。

担任新浪CEO三年后，针对新浪股权分散、管理混乱的困局，曹国伟打出了中国互联网领域首个管理层收购公司的MBO（管理层收购）案例——以曹国伟为首的新浪管理层，用约1.8亿美元的价格购入新浪约560万普通股，成了新浪第一大股东，再加上新浪管理层之前就已持有的股份，现在他们的持股量已达18%。这说明，新浪公司的内部终于稳定下来。

完成内部整合后，曹国伟将目光投向了熟悉的互联网战场，因为他捕捉到了新趋势。

2009年,美国波士顿咨询公司的报告中提到,中国的网民数量达到了3.84亿,这个数字超过美国和日本网民的总和。按照美国新闻集团董事长默多克的理念,"年轻人不会等待某个神圣的数据来告诉他们什么东西是重要的,他们想要控制媒体,而不是被媒体控制"。

因此,自媒体成了曹国伟带领新浪选择的道路。2009年8月,新浪推出"新浪微博"。微博代表网友个体的声音,每天可以多次发布。针对中国用户的特点,新浪推出了很多本土化的功能,后来也被"推特"所借鉴。很快,中国的老百姓组成了在微博上公开发言的方阵,他们的喜怒哀乐,得到了一个几乎没有门槛的展示平台。到了2011年,新浪微博的用户数突破了2亿大关。从图文到视频再到直播,目前的微博更像一个综合性的全媒体兴趣社交传播平台。

新浪微博上市

凭借微博，新浪牢牢占据了互联网江湖上的名门大派之位。2014年4月17日，曹国伟带领新浪微博在纳斯达克上市，新浪微博也成为全球范围内首家上市的中文社交媒体。在仪式上，他用流利的英语讲道："众所周知，微博在中国的用户正飞速增长。微博改变了中国人的做事方式，因此我们会继续努力。我们也许不能改变世界，但我们可以为网民提供更好的服务，让他们生活得更好。最后，恭喜微博，感谢我的团队，没有你们就没有今天的微博。"

2017年3月，微博月活跃用户超过推特。这是中国互联网公司在月活跃用户数上首次超越美国同类公司。

微博的狂飙崛起，既是战略和策略上的成功，也是移动技术迭代的产物。2008年底，受金融危机影响，3G牌照提前发放，手机上网速度大为提高，手机上网用户数量直线攀升。随后，三大运营商又先后宣布降低数据流量的资费标准，这些变化无不意味着，一个全新的移动互联网时代正悄然来临，而微博

曹国伟在新浪微博上市仪式上讲话

正是中国进入移动互联网时代的第一个"全民产品"。

在互联网时代,中关村的创业者们创立了互联网公司,用短短十几年时间改变了人们的生活。正是他们的努力,让中国人成为全球最大规模的上网获取和发布信息的群体;成为最习惯于网络消费、网络生活和网络交际的现代人群;成为最善于在网上做买卖、干事业和完成娱乐的新新人类。

来自中关村的技术和财富精英,是于中国改革开放中诞生的实干家。他们创办了公司,也让更多人可以办公司;他们来自中关村,也改变了中关村;他们立足于中国,也让中国日新月异;他们赢得了财富,也启发他人开辟财源;他们顺应了时代,也引领了时代;他们捕捉了趋势,也引导了趋势;他们满足了需求,也创造了需求;他们当然是英雄,是从无数平凡英雄中脱颖而出的代表。

时势造英雄,伟大的时势是中国共产党领导的史诗级改革开放;真正的英雄是推动改革开放、参与改革开放、受益于改革开放,因而在改革开放中焕发激情、活力和创造力的中国人。

第四章
驾着潮流
去远方

chapter four

唯有永不谢幕的生活
涵养真正的创意
唯有万紫千红的向往
催生不懈的探索
智者以人为本
因此建功立业
勇者挑战难关
所以站在潮头
中关村风云四十年
驾着潮流去远方

———

让我们一起描绘，不甘平庸的前沿奋斗。

1992年元旦刚过，24岁的雷军面临一个改变人生的机会——他的偶像、赫赫有名的IT界巨星求伯君约他一起吃饭。把他俩拉到一起的，是一个叫WPS的"中间人"。

WPS（Word Processing System）是"文字处理系统"的英文缩写，同时，作为一款办公软件套装，它具备文字处理、表格

求伯君

绘制、幻灯片演示等功能。求伯君编写的 WPS 没有做任何广告，就占领了全国 90% 的市场份额。它很好用，但也很贵，每套要两千多元，在 1992 年，那可是很多人一年的工资。

雷军在武汉大学读书时，买不起正版 WPS，便用技术"破解"了这套软件，还对它做了完善和改进。结果，这个"雷版"WPS 竟一炮而红、风靡全国。

雷军很清楚，"雷版"WPS 的成功会给求伯君的金山公司带来很大的损失，因此，在这场饭局上，他的心情始终很复杂。但求伯君只字未提这件事，反倒极力邀请他来金山公司任职。求伯君的想法是，既然这个年轻人能参透 WPS 的玄机，应该也能提升 WPS 的品质。

面对偶像伸出的橄榄枝，雷军有些迟疑。他刚刚大学毕业，

雷军（右）和求伯君（中）

在航天工业部的一家研究所工作,那可是块"金字招牌",待遇也不错,而金山公司虽然名气响亮,但终究人手不足。

求伯君看出了他的犹豫,大气地说:"不用着急答复我,回去好好想一想,明天中午到燕山酒店找我吧。"

1992年开年第四天,雷军敲开了求伯君的房门,正式入职金山,成了金山公司的第六位员工。这是新趋势的开端,要知道,此前中关村的风云人物中,许多人虽然已经创业,却仍和原单位藕断丝连,不少人甚至还保留着编制和职级。

脱钩不彻底,也许是因为市场不够发达。而雷军愿意甩开"铁饭碗",说明他看好市场,也说明市场已可以提供"金饭碗"。

1992年,中国的改革开放再次加速,带来了新一轮的市场繁荣和创业高峰。无数个"雷军"离开了科研院所,就连陈东升、郭广昌、冯仑这样的体制内官员,也接连辞职下海。多年后,这些人家大业大,成了商界里赫赫有名的"九二派"。

同样是这一年,大学生毕业不再包分配。之前,大学生在毕业后由国家指定工作单位,不用自己去

18岁的刘强东

找雇主。此时政策改成了"双向选择"——你得先自己找工作,实在找不到,国家再给你分配。大家都清楚,如果你不能找到高大的"梧桐树",只能挑剩下的"矮篱笆"。

还是在这一年,来自江苏宿迁的刘强东考进了中国人民大学,专业是社会学。为了四年后能有个好工作,他决心要学点专业以外的东西。不过,后来的事情证明,社会学的专业训练对他抓住社会心理是很有帮助的。

理想碰壁,战略转移

1992年,美国政府宣布给予中国移民更宽松的永久居留政策,这使得许多中国青年远离故土,去美国求学、谋生,其中就包括徐小平、李彦宏、邓中翰、周云帆等。那时的他们籍籍无名,但之后的事情证明,总有一天他们会在中关村风生水起。

1992年,中国的民营科技企业已增长到1.9万家,其中的70%都集中在北京,而这里面的70%又集中在中关村。

梦想有多大,舞台就有多大。年轻的雷军在金山公司充满干劲,立志开发出一套家喻户晓的软件。但他没有注意到,一个来自大洋彼岸的劲敌正在悄然出手——就在雷军进入金山公司的这一年,全球软件业巨头微软公司进入中国,并在北京设立代表处。微软从一开始就觊觎金山在文字处理软件上的霸主地位。到了1994年,微软公司的Word 4.0便进入了中国市场。

此时,雷军正在开发一套类似今天Office办公软件的软件包,其中包括文

金山时期的雷军

字处理、电子表格、电子词典、名片管理等一系列功能,他将这套软件命名为"盘古组件"。用古老传说中的创世者做名称,雷军的雄心一目了然。

1995年4月,金山公司为《盘古组件》召开了新闻发布会。广告铺天盖地,席卷中关村,所有人都对新产品充满信心,大家都在等待石破天惊的那一刻。然而,《盘古组件》的销售情况并不理想。广告打出去半个月,依然有人在问:"《盘古组件》到底是什么?"这似乎证明了,离开了WPS的品牌效应,新产品就寸步难行。轰轰烈烈的《盘古组件》最终只卖出两千多套,收益远不抵投入,金山公司因此蒙受了巨大损失。

元气大伤的雷军休息了6个月,在这段空白期里,他一度想放弃工作去开酒吧，名字都想好了，叫"大家吧"。其实，并非只有雷军一个人失判。在中关村，数以百计的公司只会埋头做自己的产品，却不考虑市场需求，因此落得倒闭的命运。1996年，官方统计报告显示，在全国市场上，有680种商品供大于求。整个国家从卖方市场转向"买方市场"——有了更多选择的消费者，开始在货比三家的过程中，享受优中选优的快感。此时，不适应这种变化的大企业，很快便被市场淘汰。

雪上加霜的是，在雷军爬起来之前，微软公司又给了他一记重拳。这一年，金山和微软签订了合作协议，简单来说，就是双方的软件可以互相读取彼此的文件。这看似是互惠的约定，但微软有技术优势，有更强的研发能力，也更懂得怎样提升用户体验，结果是原先使用WPS的中国用户，通过这种互惠协定，流向了微软一方。正所谓"人往高处走，水往低处流"，不可抗拒，自然而然。

微软固然用心良苦，但合作双方存在技术落差也是不争的事实。难道就此拱手认输、退出竞争吗？雷军从《毛泽东选集》中找到了灵感，他发现井冈山时期的红军和金山的状况类似——对手很强大，但并非无所不能；自己很弱小，但并非没有周旋空间。

如果逐鹿中原为时尚早，还不如在边缘战场打游击，而游击战是可以上升到战略层面的。此后，金山推出了《金山毒霸》《金山影霸》《金山词霸》等软件，甚至开始进军游戏领域，《剑侠情缘》等游戏甚至成了行业内的领军品牌。这些产品为金山度过早期难关和打响品牌号召力立下了汗马功劳。

1997年，金山在沉寂多年的文字处理软件上发力，WPS 97横空出世，成为首款运行在Windows系统上的国产软件，短短两个月就卖出13000套，雄踞各大办公软件销售榜榜首。1999年，金山公司的办公地址迁到了微软中国总部的斜对面。

柳传志考察金山公司

至此,当年被微软压制的金山让开大路、占领两厢,借"农村包围城市,积小胜为大胜"之策,终于用市场业绩赢得了和微软对决的资格。

红色风暴,席卷神州

"金山的产品红遍大江南北,卖得到处都是,自己的成果能被这么多人使用,看见有人用金山的盗版也挺激动的。"《中关村》2003年第36期刊登了雷军的专访,那时金山软件的成功，甚至让他为盗版软件的出现激动。但是，雷军的兴奋并未持续多久，很快他会发现，盗版这个无形而嚣张的对手，正蚕食着他的市场。

在当时的中国，盗版问题十分严重。在中关村，盗版光盘卖20元一张，别看就20元钱，但里面装着不少金山的拳头产品，当然也包括微软的。总之，在盗版光盘业，当时最主流的软件都有，可谓"只有想不到，没有买不到"。而一套正版的金山公司软件卖多少钱呢？ 168元。在当时的人们看来，20元的当然比100多元的合算。

不只金山一家软件公司，整个软件业都因此蒙受巨大损失，想要软件业真正健康发展，就必须向盗版宣战。在这一点上，雷军和比尔·盖茨有共识。只不过，两家的打法大不相同。

1998～1999年，微软公司借助中美两国政府关于保护知识产权的谅解备忘录，委托代理公司搜集证据，一连向工商局举报了中关村十三家公司的盗版事实，个个证据确凿。同时，它还起诉了当时中关村里声名赫赫的亚都公司。要知道，以生产加湿器闻名的亚都公司，只不过是软件的使用者，它要是败诉，中国数以千万计的计算机用户都将面临同样的风险。

微软用法律手段打击盗版，如同正面强攻，对企业还有效果，但对大量个体用户就鞭长莫及。中国人养成版权意识，是一个"从无到有、逐渐坚定"的过程，当大部分人不认为花钱买盗版有问题时，对盗版的讨伐就不容易获得同情。

雷军的机会来了。

在和微软的竞争中，雷军最大的优势是熟悉中国国情。他认为盗版软件盛行的最大原因是正版软件太贵。当年他正是因为买不起两千多元的WPS，才起了"破解"的念头。虽然他不认同盗版，却了解盗版消费者的心态。另一个原因是,零售商距离用户太远,用户即使想买正版软件也没地方买,所以盗版才乘虚而入。

针对这两点,雷军做了细致的市场调研,以确定人们愿意花多少钱买正版软件。结果,他得到的答案都是 20～30 元。这对当时动辄一两百元的软件市场来说,是一个没法接受的底价,但这恰恰是盗版软件的通行价格。

1999 年 10 月 21 日,是中国软件史上值得被永远铭记的一天。这一天,金山公司向各大新闻媒体推出了"红色正版风暴"活动,第一次鼓号齐鸣地和盗版打价格战——168 元的《金山词霸》和《金山快译》一次性降价到 28 元,用户可以用汇款的方式购买。消息发布后仅 4 天,21 万套产品全部销售一空。12 月 21

《金山词霸 2000》热销

日,金山公司宣布第 100 万套产品下线,这套软件也成了当时销量最大的正版软件。

对于这场"风暴",雷军如此评价:"1999 年,金山系列软件的价格从 168 元降到 28 元。老百姓用买一包烟、一盘菜、一本书的钱,就能过一把正版软件瘾。不过当时很多人都在想,金山公司会盈利吗?还是赔本赚吆喝?"

雷军开发《盘古组件》失败,是因为他只做了自己喜欢的东西,而不是市场欢迎的东西。等到他掀起"红色正版风暴"时,他不但懂得了什么是市场喜欢的东西,还明白了应该怎样定价才能既叫好又叫座。同时,这也是中关村本身与市场深度融合的写照——从最初科技工作者羞羞答答、遮遮掩掩地办公司,到科技公司在商言商、高歌猛进。在 20 世纪的最后一年,中关村的销售收入已达 864 亿元,给政府创造了 29 亿的税收,形成了电子信息、生物医药、新材料、先进制造、新能源和环保等六大新技术领域。

方兴未艾,风口何在

这样的势头鼓励了中央决策者,1999 年 6 月 5 日,国务院印发了《关于建设中关村科技园区有关问题的批复》。此时,中关村原有的"试验区"名号已不再符合实际,"科技特区"才更匹配它的发展现状。但是,成立特区必须报请全国人民代表大会批准。当时的一位国务院副总理认为,与其陷入繁杂的行政程序和法律程序,倒不如不争虚名,办个"不是特区的特区"。思来想去,"科技园"既概括了中关村的"产、学、研结合"的特点,又规避了冗长的公文往来,理应成为中关村实至名归的新起点。

说干就干。国务院的批复刚刚印发一个月，市政府的更名通知还没有下达，"白颐路延长工程"就已经上马了。该工程从白颐路北段与成府路的交汇处开始，向北延伸至清华西路，由一条 31 米的主道和两条 4.5 米宽的步行街组成。

由原海淀区供销社改组而来的海龙大厦正式建成，18 层的雄伟建筑成了中关村的新地标，经营者将两万多平方米的营业场分割成了数个面积大致相等的摊位，出租给了一千多个小商家。由于位置绝佳，海龙大厦几乎在一瞬间就将周边的小商户全部吸纳。

这样做的好处是小商户集中，坏处也是这个。为了瓜分客源，导购应运而生。初来乍到的顾客，面对数不清的商家，往往茫然不知所措。这时，受雇于商家的导购上前领路、提供信息，一旦顾客掏了腰包，他们能从中提成。

"导购领进门，售卖在个人"，接下来是柜台交易员的主场。和导购们相比，他们要更专业，有的甚至是老板本人。安排交易员的好处是，他们可以帮新手扫盲，坏处是如果他们想蒙顾客，顾客根本没有招架之力。当时，一些老板甚至直接培训员工，如何把一台 25000 元的笔记本电脑，以 35000 元的价格卖出去，还有人总结出了"中关村欺骗顾客的十大招数"。消费者一旦坠入商家设好的陷阱，事后维权就很难。

混乱的另一面是繁华，喧嚣的另一面是增长。无论喜欢不喜欢，无论事后怎样评价，人们都不得不承认，这是中关村历史的一部分，是一段必经之路。

刘强东的"京东多媒体"就是海龙大厦那一千多个商家之一。

从中国人民大学毕业后，刘强东选择了自主创业。近水楼台，耳濡目染，他对中关村小商家的商业模式很熟悉。他觉得，IT 市场的乱象一定不是常态，

学生时代的刘强东

将来肯定会有所改变。于是他决定反其道而行之：一方面明码标价，薄利多销；另一方面，做好服务。

这样的策略注定前期很难得到顾客认同，很多人见砍不下价，扭头就走。但过了一段时间后，情况开始好转，之前走掉的顾客陆续也都回来了，因为人们发现，这里的商品价格合理，质量可靠。靠着口碑，店铺的生意逐渐好了起来。短短几年时间，刘强东的生意就扩张到了12家门店，成为中关村里小有名气的商家，此时，他的目标非常清晰，就是要成为IT行业的国美。

刘强东的战略没有错，只不过人算不如天算。

2003年，"非典"肆虐北京城，为了避免员工感染病毒，刘强东关闭了12家门店，只在办公室里做电话营销，但效果很不理想。原因在于，当时几乎所有商家都在消化库存，商品价格开始跳水，仅一个月时间，电子产品的价格跌幅就超过30%。由于不知道"非典"什么时候结束，刘强东做了一个大胆的决定："门店虽然不开张，但租金照付，员工的工资也照发。库房里货的价格天天下降，如果6个月后依然不开张，那公司就只能倒闭了。"

就在他焦虑不已的时候，一个部门经理突然提议：不开门店是防"非典",要是在网上卖东西,不就没有这个顾虑了吗?于是他们在当时主流的门户网站——搜狐、新浪、网易的热门新闻下的评论区里留言,列举了公司经营的主要业务、分别需要多少钱,还留下了邮局汇款账号。其实这和在电视、报纸上打广告是一个思路,但那时的网站远没有电视、报纸等传统媒体权威,一开始无人问津。

正当刘强东心里越来越没谱时,一位光盘论坛的版主给他打了一剂强心针。他给刘强东留言道:"京东多媒体我知道,三年来我没在那儿买到过假货。"多年后,刘强东在《遇见大咖》里感慨道:"当年,如果没有那个版主的留言,绝不会有今天的京东电商。"后来,那位版主还特地打电话向刘强东核实情况,确认信息属实后,不仅将京东多媒体的广告帖置顶,还加上了版主

刘强东

推荐。

之前建立的口碑，助推了这次互联网营销。此后的一个星期里，有21个人网购了光盘，而他们又为刘强东带来更多的客户。

"非典"没有刘强东担心的那么长，一个月后，刘强东的12家门店陆续恢复营业，员工们都回来上班了。但首次电子商务体验的成功，让刘强东开始琢磨：到底是电商模式好还是连锁店模式好？从眼下看，公司95%的利润都来自实体店，但长远看来，互联网交易有个好处，就是可以记录用户的身份信息、浏览记录、访问时间，从中可以发现他们的消费习惯和选择偏好。对于商家来说，这些信息是极其宝贵的数据资源，利用好了，商机无限。

2007年10月8日，金山软件员工观看上市直播

金山软件有限公司正式于香港上市

2004 年,刘强东陆续关闭了 12 家门店,全身心地投入了电子商务领域。但此时的电商领域已是强者云集:当当、卓越已拿到了 C 轮融资,阿里巴巴则手握雅虎、软银的十亿美元投资。与这些强者相比,刘强东的京东商城只是一个专注于 IT 领域的垂直电商,毫不起眼。

就连金山公司的上市,似乎都摆脱不了"赶了晚集"的味道。2007 年 10 月 8 日,金山在香港敲响了上市的钟声。

之后,雷军在休假期间毫无先兆地宣布,由于健康原因辞去金山公司总裁及 CEO 的职务。企业刚刚上市,正该大显身手,这时突然辞职,雷军到底在想什么?金山公司上市后的市值是 6.261 亿港币,远不及当时市值 15 亿美元的阿

"港交所"门前的雷军

里巴巴,甚至被一些游戏界同行远远地抛在后面。

休假的四个星期里,雷军一直在思考一个问题:为什么有人付出100%的努力只能换回20%的增长?为什么有人只付出了20%的努力就能获得100%的回报?

金山公司上下为上市拼死工作,恰恰强化了这种痛苦的反思。

雷军经过一番思想挣扎后,得出了一个后来被奉为名言的结论:"与其在盐碱地里种庄稼,不如在台风口放风筝,只要站在台风口,猪都能飞上天。"他认为,自己深耕金山15年,成果却不尽如人意的原因,就是没有找到一个风口。风口,就是时代潮流,成功者莫不是弄潮儿;风口,就是世界大势,人要借势而起,不能逆势而动。

雷军在寻找他的风口,而在电商领域,刘强东决定自己制造一个风口。

转战电商后,刘强东很快就发现:通过电商渠道售出的东西,70%的客户投诉都是针对物流,因为这个环节很容易造成货物损坏,而消费者不会那么仔细地区分责任,他们在京东买了东西,有问题自然找京东,如果产生了恶劣印象,自然也是京东承担骂名。而在一个差评就能带走一大批潜在顾客的网购世界,骂名是很可怕的东西。

在经过调查研究后,刘强东无奈地发现,没有一家物流公司

刘强东体验奢侈品配送

愿意投入巨大成本去解决问题——他们靠着现有模式已赚得足够多，没有"重塑河山"的动力。

传统物流以人力密集为特点，而人越多，纰漏就越多。刘强东的对策是自建物流，实现物流的自动化，最大限度地减少人工干预，最大限度地减少人力对商品的搬运，从而最大限度地减少人为损害的可能。

这一时期，人们热衷于抛出一个概念就马上用来圈钱，喜欢把互联网经济理解为"空手套白狼"，埋头搞实业似乎是一种笨拙的、过时的、吃力不讨好的做法。而刘强东却反其道而行之：电商本来是轻巧的，他却要让它背上一个沉重的壳。他让采销、仓储、配送、客服等环节全部自营，让原本在云端的电商企业落到了地上。由于建设任务极其艰巨，企业的负担也越来越重，很长一段时间里，各方质疑接踵而至，甚至有人认为，这些愚蠢的决定会把公司拖垮。

这些质疑，最终都被京东的成绩单击得粉碎。

几乎在不知不觉间，京东已经拥有了一流的无人分拣中心和配送站。2018年7月，一场大雨突袭北京，山区发生泥石流灾害。北京市政府出动了大型无人机，向灾区投送救援物资，而它正是从京东的物流基地起飞的。

现代城市的智能化是大势所趋，刘强东在满足京东电商物流需求的同时，已先下手为强，携手社会各界共建全球智能供应链基础网络。当然，京东电商也享受到了这种投资带来的巨大红利。

物流好、无假货，是刘强东的两张牌。他的物流体系，就是他的风口，它有个正式的名字，叫"互联网+"。时至今日，"互联网+"已是中国经济战略的一张王牌。它的成熟非一日之功，但大风起于青蘋之末，在刘强东这一代企业家敏锐的判断中，就埋藏着"互联网+"成长壮大的种子。

胡伟武

胡伟武的导师夏培肃

龙行天下,薪火传承

创新驱动是中国经济发展的新动能,而中关村义不容辞的责任之一,就是用自己的科技创新和体制创新,为这种新动能打造新引擎。这既需要有人在市场上搏杀,也需要有人在实验室苦干。

2001年5月,中科院计算所将研制"中国芯"CPU的重任交到了33岁的课题组长兼党委书记胡伟武身上。CPU即中央处理器,是一块超大规模的集成电路,是计算机的"大脑",也是一切以计算机为灵魂的现代设备的大脑——无论是家里的洗

胡伟武的宿舍

衣机,还是天上的卫星,离开它都动弹不得。只有实现CPU的自主可控,才能确保国家安全和经济自主。但在很长一段时间里,CPU技术是美国的独门绝技,其他国家只能购买。

接到这个任务之前,胡伟武的人生并不像雷军、刘强东那样跌宕起伏。1986年,他以浙江永康市高考状元的身份进入中国科技大学,大学毕业后又进入中国科学院计算技术研究所攻读博士,师从计算机系统结构专家夏培肃院士。这样完整而绵长的

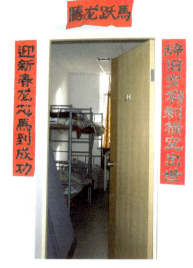

胡伟武实验室门口的春联

学术经历,使他思维严谨、行动周密——他的博士论文修改了8个月,前后共26稿。

接下研制"中国芯"的任务后,胡伟武给自己开发的芯片取名为"龙芯"。龙不但是中华民族的图腾,更集合了众多动物的优点,他希望"龙芯"也能汲取众家之长,缩小和世界先进水平之间的距离。鲜有人知的是,他们内部还给龙芯起了一个乳名——"狗剩"。按照胡伟武家乡浙江农村的传统,小名取得贱一点,小孩子容易养大。

2002年7月初,在提交"龙芯一号"版图设计最佳方案前,测试组突然发现一个重大技术误差。得知消息的胡伟武脑袋里嗡地一声响——此时他虽然还有两个备选方案,但目前采用的方案,芯片面积最小、成本最低,各方面性能都是最好的,不到万不得已绝不能放弃。

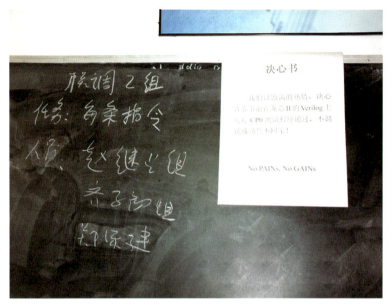

"龙芯Ⅱ"开发时的决心书

跟厂家协调后，胡伟武得到了一两天的宽限时间，看着已加班三天三夜的组员，胡伟武咬着牙动员大家："不是100分，就是0分，我们没有99分。"接下来的两天两夜里，团队硬是把1万多个触发器分成十几条扫描链连了出来，最终解决了问题。工作完成后，胡伟武心里默念道："就这样了，没有什么可后悔的了。"

2002年8月10日清晨6点零8分，中国首枚拥有自主知识产权的通用高性能微处理芯片"龙芯一号"问世了。虽然中国芯片和世界最先进芯片的差距不可能瞬间消失，但迈出第一步具有重大的历史意义。

"龙芯一号"诞生后的几年间，胡伟武团队步步为营，"龙芯

2F""龙芯 2G""龙芯三号"等芯片的技术越来越完善。

胡伟武不是中国芯片第一人,在这个领域里,为数众多的学者已坚持了几十年。胡伟武的前辈们憋着一口气,他们把技术传给他,希望在有生之年看到学生在芯片技术上有所突破。

"我的导师是夏培肃院士。我做了'龙芯'之后,还经常去看她。她在去世前,还躺在病床上听我介绍'龙芯'的进展。她总是说:'我这辈子最大的心愿就是把中国的计算机事业搞好,可惜我们这代人没搞好,你们搞得比我们好。'

"还有黄令仪老师,她现在已经 80 多岁了,在制造中国第一

黄令仪

代计算机时，她是做晶体管的。从中科院微电子所退休之后，她就来帮我们做'龙芯'。现在，他还每天在屏幕上看版图。我记得，前几年我曾跟她一起在食堂吃早饭。我们当时刚好在做一个芯片，是用在类似'两弹一星'的任务中。我就跟黄老师说：'这次您帮我好好把关。50年前，您的工作就源自'两弹一星'，50年后，您把这个芯片做完了，算是给'两弹一星'画了个圆满的句号。'结果黄老师脱口而出：'我这辈子最大的心愿，就是匍匐在地，擦干祖国身上的耻辱。'

"我的师兄弟李国杰院士曾讲过动情的话：'我今年也70了，如果到胡伟武这一代人，中国的CPU还搞不起来，中国的IT产业就没戏了。'所以，我们实际上是肩负前辈们传下来的精神，在

李国杰院士

胡伟武和他的学生们

沼泽地里面打拼。这是一种传承。"

薪火相传,激情不灭,胡伟武不缺精神动力,他上不能辜负国家,下不能让师长们失望。但对于芯片研发,除了一腔热忱和国家战略的驱动,还需要满足市场需求。于是,在北京市发改委、中关村管委会和海淀区政府的支持下,龙芯中科先成立"种子公司",明确规定产权关系,重视无形资产的价值,为科研成果转化为生产力铺就一条可行之路。为此,中关村管委会召开了20多次协调会,最后决定通过北京市工业投资公司投资,其中一半资金由中关村管委会和海淀区政府提供。

之后,龙芯中科又大胆进行内部管理改革,以股权激励带动发展后劲。在种种政策的助推下，龙芯中科的产业化和市场化取得了突破性进展，不仅开始建设产业化基地，还逐渐有了足够的资金承接联想、曙光等大合同项目。

2015年3月31日，搭载着龙芯CPU的"北斗"导航卫星正式升空，这标志着我国卫星导航系统在自主可控的征程上迈出了关键一步。此时的龙芯团队还找准了自己的市场定位——行业应用。在维持党政军、能源、交通、金融等政府采购市场的同时，"龙芯"还开辟出了新的消费行业市场，比如路上的红绿灯、小区的充电桩、家里的电视机。这些实实在在的应用场景，在扩大龙芯公司影响力的同时，也创造了巨大的经济效益。

17年前，当李国杰院士将"龙芯一号"项目交给胡伟武时，拨给他的科研经费是100万元，做出成果后，又追加了1000万元，之后又是一个亿。前前后后，国家在他的科研团队上花了五个多亿。

"'龙芯'发展到现在，体现了市场经济条件和举国体制的优势。龙芯资本的'接力棒'，从中央政府、地方政府到社会资本的支持，是完整且中国独有的。我们从2001年开始做CPU，先后得到了科学院的知识创新工程，科技部的863计划、973计划，自然科学基金，以及工信部重大专项的支持。我算了一下，从2001年到2010年，我们一共花掉了国家的科研经费近五亿元。这钱在CPU制作领域不算多，但我们可不是做产品，只是做个研究，权当技术积累。"

而"龙芯"并没有辜负国家的期望，如此巨大的经费支持，最终收到了回报。

2018年，胡伟武在一次采访时说："'龙芯'现在给国家创造的税收，已经超过国家投资在龙芯上的科研经费了。"关于这件事，我们也可以理解为：龙芯有了更为充裕的研发投入，因此可以聘请一流专家、购置一流设备、建设一流平台，而这些资源又能为中国芯片的新突破提供软、硬件支撑。

胡伟武从未离开过中关村，但仍得到了世界级的资源。因为中关村就是世界最发达的一角，足以养育任何纵横四海的梦想。在中关村的科研院所里，哪怕最埋头不问世事的研究者，也不会是一座孤岛，而是完整生态系统里的一环——一头是政府的强力支撑，一头是市场的丰沛滋养。

只要你有梦想，随时可以登场。

休养生息，一飞冲天

从金山公司离职后，雷军过了一段时间的"退休"生活。三十多岁的他不缺钱，不必急于工作，没有应酬，没有媒体采访，没有商业活动，每天睡到自然醒。后来，他如此回忆这段经历："没有一家媒体想采访我，没有一个行业会议邀请我参加。我有的是时间，但没有人记得我，似乎整个世界都把我遗忘了，冷酷而现实。忽然间，人情冷暖也明澈如镜。那时我变得一无所有，除了钱。"

于无声处，激情复燃。他上大学时读过《硅谷之火》，书中讲述了乔布斯和沃兹尼亚克创造苹果公司改变世界的故事。从那时起，他就萌生了一个理想——创办一家伟大的公司。他清楚地知道，伟大的公司要在风口上起飞。

可最新的风口在哪里？

2002年,雷军造访惠普公司总部

2009年的一天,在北京市北四环的一间咖啡厅里,两个中年男人聊兴正欢,只见两个人边聊着边从各自的包里掏手机,一个接一个。不一会儿的工夫,桌子上就摆满了手机。站在一旁的服务员以为这两位是来咖啡厅推销手机的,却发现他们就像小孩子摆弄玩具一样,先是相互比较手机功能,聊到兴起时甚至当场拆起手机来。

这两位,一位是正在寻找创业方向的雷军,另一位是谷歌中国工程研究院的副院长林斌。对于手机,林斌再熟悉不过,他在谷歌的主要工作就是负责安卓系统的本地化,因此经常要和各路手机生产厂商打交道。

此刻正坐在他对面的雷军,以软件发家,以软件出名,现在他的包里装了八九部手机,又对手机行业如此了解。林斌察觉到,雷军似乎要在手机市场上发力。

林斌看得没错。

智能手机把人们从电脑和笔记本电脑前解放出来,把生活带入移动互联网时代。两年前,苹果智能手机横空出世,世人惊呼"乔布斯重新定义了手机"。谷歌的安卓系统、微软的 Windows Mobile 则在其后步步紧逼。而这段时间正是雷军从金山辞职后韬光养晦的时期。他已经预感到,下一个"风口"正在集聚能量,而他绝对不能错过这次机会。

雷军究竟想做什么样的手机呢?在 2011 年小米公司的年会上,他给出了答案:"我们怎么才能让冷冰冰的手机变成每个人的亲密伙伴呢?苹果发布了拥

发布会上的雷军

有大触摸屏的新手机后,开启了一个新的时代——iPhone4 一个季度卖 1600 多万台,供不应求,出 5999 元的原价你都买不到。我们需要做出和苹果手机一样好的产品,然后用互联网方式来销售。要做到什么程度呢,我们的手机,每个普通的中国老百姓都能买得起。对绝大多数人来说,6800 元的手机都太贵的,所以,怎么能把我们的手机从 6800 元变成 1800 元甚至 800 元,就是我们共同努力的方向。"随后,他先是以发烧友的身份研究了不少智能手机,发现许多不足之处后,他决定做一款让自己和用户都满意的手机。至此,时年 40 岁的雷军开始了第二次创业之路。

2010 年 4 月 6 日,在中关村银谷大厦 807 室里,北京小米科技有限责任公司悄然成立了。创办仪式很简单,就是几个团队成员一起喝了小米粥而已。

雷军

2018年7月9日，小米公司在香港上市

虽然开局很低调，但从小米公司的LOGO"MI"中，还是能够看出雷军创办一流公司的野心。"MI"是"Mobile Internet"的缩写，表明小米要做移动互联网，也是"Mission Impossible"的缩写，表明小米能完成不能完成的任务。这个LOGO被反转后，是中文"心"的形状，代表"团队多费心，让用户省心"。

重新出山的雷军一方面和硬件厂商"死磕"产品性价比，另一方面则着手开发了一款基于安卓平台的MIUI系统。与传统系统不同，它会根据用户们的反馈，及时做出修改和调整。该系统一经推出，立刻引来了50多万名手机硬件的发烧友，24个国家的粉丝自发将MIUI升级为当地版本，系统刷机量短时间内就超过了100万。通过MIUI，小米公司很快拥有了一大批忠实的粉丝。

2011年8月16日,在北京798艺术区,身着T恤和牛仔裤的雷军出现在小米发布会的现场。他再次讲述了他涉足手机市场的初衷:"经过400多天的煎熬,经过400多天没日没夜的努力,我们的小米手机终于可以拿出来见人了。那么,(和其他智能手机)有着同样的运营商、同样的设备流程的小米手机该卖多少钱呢?我们要让产品足够便宜。"说完,他按动翻页笔,屏幕上出现了"¥1999"的字样。瞬间,无数粉丝们高喊着"雷布斯",声音简直要掀翻屋顶。

小米手机一经发布,旋即大卖。短短几年时间,小米手机的销量跻身世界前五,成为了业界神话。

随着高性价比的小米手机的风行,原先在中国手机市场上横行的山寨手机,不知不觉间退出了舞台。当年,雷军用低价的正版软件对阵盗版软件;现在,他用高性价比智能手机打击山寨手机。可见,若想改变业界生态,既要有技术上的优势,也要有市场上的历练,而这正是中关村的长项。

2010年,小米公司的估值为2.5亿美元。2018年7月9日,小米赴港上市,当天的市值超过了500亿美元,短短八年时间里,小米的市值就翻了200倍。雷军创办了一个公司,诚然,这个公司也许还不够伟大,但它的成长性令人刮目相看。从某种意义上讲,雷军已弥补了金山上市时的些许遗憾。

中关村诞生了很多励志故事。

胡伟武、刘强东、雷军,没有哪个人是含着金钥匙出生的,也没有哪个人的事业是一蹴而就的。

他们必须承认,失败是成功之母。

他们也必须承认,风雨之后见彩虹。

他们共同的人生经验是：一个人如果有想法、有干劲，又遇到了一个可以大有作为的时代，那么坚持就是胜利。

他们事业的大厦，有一个共同的地基，叫作中关村。每一代成功的中关村企业家，都在这里和时代潮流相遇——或是电脑进入中国，或是互联网大潮初起，或是"互联网+"方兴未艾，或是移动互联开始萌芽。他们之所以能在潮流中扬帆远航，是因为中关村总是能在每股大潮到来时，给予他们需要的一切——从港口、燃料，再到水手。当然，还有中关村这个名号所焕发的光彩。

第五章
百川合流
起大船

chapter Five

改革攻坚克难
需要技术的助推
体制除旧布新
借助市场的撬动
看懂了百姓需求
就有举世瞩目的繁华
抓住了众生渴望
就有人人喝彩的创新
中关村风云四十年
百川合流起大船

———

让我们一起结识，被民生愿景唤醒的产业先锋。

以人为本，科技破冰

2008年4月，红极一时的校内网得到了软银集团孙正义4.3亿美元的投资，随后更名为"人人网"。不过，孙正义的投资不是没有条件的，之前人人网是以学生为主体，现在要开始面向全年龄段网民，和王兴经营的社交网站海内网同室操戈。

但是，还没等到内战开始，海内网就被另一个对手——开心网击败了。作为2008年最火爆的社交网站，开心网通过抢车位、偷菜等小游戏迅速俘获了海量用户。

王兴和他的海内网试图跟进，但他的团队并不擅长游戏，没能将市场抢过来，到了2008年4月，海内网无疑错过了社交领域的市场。可惜，开心网也只是昙花一现，等到微信登场，它就再也开心不起来了。

网络市场节奏快，城头变幻大王旗。从2008年开始，互联网经济酝酿着新变局。百度、阿里巴巴、腾讯三分天下，主宰互联网版图，新企业要想分一杯羹，变得越来越困难。但历史早就证明，新事物犹如种子，甚至能在岩石上发出新芽来。

王兴

2008年8月,在美国旧金山,一个叫作布莱恩·切丝的年轻人和同伴一起,创办了一家名为"爱彼迎"的网站,用户可以通过它预定世界各地的特色民宿。这年11月,一个叫作安德鲁·梅森的年轻人在硅谷创建了一家名为"Groupon"的网站。说"Groupon"可能没多少人懂,但将它翻译成汉语,中国人家喻户晓:"团购"。

"Groupon"以每日优惠的方式为用户提供超低折扣的消费品,很快就聚拢了大量用户。到2009年10月,这家公司融资3000万美元,成为硅谷首屈一指的明日之星。很快,Groupon的成功,引起了大洋彼岸一个中关村创业者的注意。

此时,中关村正在经历一场蜕变。2009年,中关村的高新技术企业共17940家,其中年收入超过亿元的企业就有1253家;超过十亿元的有194家;

从业人员1062345人，其中研发人员136203人；"技工贸"总收入12995.1亿元。

依托40多所高等院校、200余家国家及省市级科研院所和17940家高新技术企业的中关村，已形成了一套以企业为主体、市场为导向、"产学研"深度融合的技术创新体系。同年3月，国务院印发《关于同意支持中关村科技园区建设国家自主创新示范区的批复》，明确了中关村科技园区的新定位是"国家自主创新示范区"，目标是成为具有全球影响力的科技创新中心。

"示范"两个字，既是对中关村以往成绩的肯定，又是其"先行先试"排头兵作用的延续。改变，贴合着时代的变化。

2008年之前，制造业的全球化主导着世界经济，全球制造资源向低成本的地区聚集，但这一进程随着2008年美国金融危机戛然而止。随之而来的是一个创新全球化的时代，所有的技术、人才、资金开始向创新创业最活跃的地区聚集，比如美国的硅谷、中国的中关村。这些聚集的能量，将成为改变世界的新浪潮。

在创新全球化时代到来前夜，王兴看到了Groupon模式的未来。他认为，Groupon踩在了网络社交和商务的交叉点上，前景广阔；盈利模式很明显，就是减少商家的广告投入，把这部分利让给消费者，由网站来分享其中的利润。

想明白这些以后，王兴新一轮的创业项目启动了。

对王兴来说，搭建一个类似Groupon的网站难度并不大，难的是如何让人用起来。早期，当销售人员去谈合作店面时，王兴总是嘱托：折扣必须凶猛，3～5折才可能引爆用户。

凶猛的折扣下，美团的第一单，自然令美团点评集团办秘书长钟永健记忆犹新："美团上线的第一天，上来一个团购单，来自某家红酒体验坊，单子的内容并非买红酒送货上门，而是花50元就能买到价值100元的套餐，内容是去该红酒体验坊喝四杯红酒。那单我卖了79份，每份的交易额是50元，总共是3950元，这就是美团第一天的交易额。"

国贸商圈人流密集，消费需求旺盛，红酒团购的火爆程度出人意料。美团的疆域迅速从国贸延伸至中关村、西单、王府井、望京……直至覆盖整个北京城。随后，美团网开始向全国进军：5月，美团网上海站上线；7月，美团网西安站上线；8月，美团网广州站上线……

2010年，"团购"这一全新消费模式席卷中国，迅速催生出新的消费习

美团的第一单

惯——传统的讨价还价很快被折扣契约取代。商人有利可图，纷纷加盟；物流跟着受益，乐此不疲。餐饮可以团购，工具可以团购，按摩可以团购……没有什么不能团购。

现如今，美团网年活跃商户数达到了550万。它意味着，团购是一块鲜嫩多汁的产业牛排，资本的食肉动物们不会错过，竞争在所难免。

只不过，王兴低估了竞争的惨烈程度。

3月4日，美团网上线。仅仅11天后，3月15日，窝窝团上线。又过了三天，3月18日，拉手网上线。紧随其后的是24券网。它们构成了中国团购事业的第一批生力军。在随后的近一年半时间里，数千家团购网站如雨后春笋般冒了出来。

美团虽然是第一家，但不可能永远是第一。团购网站和社交网站不一样，它和实体经济联系更紧，打交道的又都是精明的商人，所以，若想开拓市场，就需要能开疆拓土的创业型人才，因为对手不会给自己慢慢走出摇篮的时间。

创业初期，强敌如林，不过美团并没有跟风，而是把精力放在了提高自己的核心竞争力上。不仅如此，他们还花重金买下了"团购"这个关键词，让自己名正言顺，从而把对手挤到边缘。

同时，他们还抓住了消费感受这个"牛鼻子"，更精准地根据用户的浏览记录投放广告。据钟永健回忆，当时美团的广告策略的确与众不同："早期，有些团购网站打广告，再请明星代言。但我们并没有这样做，我们把那些钱省了下来，然后拿去建团队，提升自身的IT能力，提升我们系统自动化的能力，提高我们的效率，最后我们发现这是对的。我们始终认为，应该坚持做正确的事情，应该将资源集中投入到正确的地方，所以才在团购阶段取得了不错的成绩。"

美团网第一届年会合影

靠这两招,王兴和他的团队出奇制胜。竞争对手铺天盖地的广告,只是向公众普及了团购的商业模式,而当用户搜索"团购"时,指向的却是早已买下关键词的美团。但谁能笑到最后,还要看谁能把人才、技术和资本融合得更好。

不久,互联网的三大霸主——百度、腾讯、阿里巴巴纷纷进入团购市场。腾讯与 Groupon 联手组建高朋网;百度公司用 1.6 亿美元收购了糯米网;王兴带领的美团也接受了阿里巴巴领投、其余三家跟进的 5000 万美元的投资。这才是硝烟真正升起的时候。

此时的钟永健,对团购有了更深层次的认识:"其实我们应该跳出互联网来看。在过去五年中，我们有非常深刻的体会，这个体会也写在十九大的报告中——要促进互联网、大数据、人工智能和实体经济的深度融合，这是我国经济供给侧升级的重要事项。所以，我们应该跳出互联网的层面，分析美团在过去几年到底在做什么事情。其实，我们做的事是推动生活服务业的实体经济升级，以此让老百姓的生活过得更好。"

用 IT 系统技术提升管理效率，通过高科技扩大市场规模，进一步降低成本，虽然毛利变低，但只要市场规模足够大，同样能产生巨大的商业价值。钟永健早已意识到了这一点："科技的价值是非常巨大的，它仿佛是一座倒着的金字塔：它的底部可能只有一千个科技创新人才，他们在做整个系统；然后，有几千个人在运营这套系统整这样，最上层就可以为几亿消费者服务。我们确实感到了科技创新的力量，我们要不断地在核心技术上投入，这不仅是某一个企业的事情，它需要整个行业乃至国家在这上面投入。"

团购的崛起像突如其来的野火，烧掉了传统消费服务业与互联网之间的"篱笆墙"，数以百万计的火锅店、杂货铺、电影院被赶到了网上，一个从线上到线下的全新服务业市场被激活了。

如果说新闻门户网站的出现改变了中国人获取信息的方式；电商的出现改变了中国人获取商品的方式；那么从 2011 年开始，这种线上到线下的融合，则改变了中国人获取服务的方式。

通过手机应用，可以解放原来的电话调度中心——滴滴出行，改变了传统的出行领域。通过手机应用，可以轻松实现管道疏通、电器维修、日常保洁——58 到家，改变了传统的家政服务领域。通过手机应用，可以在两小时内获取生鲜产品——京东到家，改变了传统超市、生鲜市场的格局……

这就是"Online to Offline"（O2O），即"线上到线下"。

2013年12月31日,美团网单日交易额突破一亿元大关

科技的创新,模式的创新,让服务以更加便捷的方式作用于消费者。

模式的推手是技术的革新。2007年1月,智能手机出现在人们的生活中。在中国,从2008年3G牌照的提前发放,到2009年大幅下调数据流量资费标准,手机已成为互联网的重要终端载体之一。

手机比电脑轻便很多,也私密很多。一机在手,既能社交,又能定位;既能购物,又能娱乐。因此,对于O2O市场来说,未来成败的关键都系于移动端。这是当时众多创业者都能看到的趋势,可问题是,你该选择什么路径达到目的。在钟永健看来,这个问题早已有了答案:"我国的城镇密度很高,每个城市中的人口密度也很高，因此，对中国的老百姓来说，一日三餐非常重要。将所有条件结合起来，让我们有了不同于其他国家的机会——怎么能把互联网大数据、人工智能等技术和中国的生活服务业的实体经济融合在一起。此外，我们还要把这些科技和生活服务业实体经济的需求结合起来，通过生活服务业供给侧的升级，推动生活服务业的发展，为老百姓创造美好的生活。"

2013年11月，在尝试了众多新业务的探索之后，美团外卖上线。自此之后，美团开始专注于外卖业务。而在美团推出外卖业务之前，2008年9月，张旭豪与其同学已经在上海交通大学的一间宿舍里创建了中国第一家互联网订餐平台——饿了么。而在美团外卖上线后不到一个月，阿里巴巴集团旗下的淘点点外卖上线；之后，搜索引擎巨头百度也选择跟进，于2014年5月推出百度外卖。

在城头变幻大王旗的网络时代，为了更强大，为了走得更远，强强联合、共同开拓往往成了这些互联网公司最好的选择，但这就需要整合更多的力量。

2015年10月8日，美团和大众点评联合发布声明：双方以5比5的换股比例达成战略合作，共同成立一家新公司。

合并的背后，是资本撮合的结果。两家看似你死我活的O2O企业，背后却有着同样的出资人——红杉资本。

2018年9月20日，美团点评在香港上市，市值约为500亿美元。同一天，红杉资本的合伙人沈南鹏写了一篇名为《既往不恋 纵情向前》的公开信，其中这样写道：

"这几年间，中国移动互联网的产业格局发生了预料之外、情理之中的巨变，美团和（大众）点评棋逢对手，最终又握手言和。2015年，这两家红杉A轮投资的企业选择合为一家，今天已成为市值高达500多亿美元的超级平台。

"我们很庆幸，在 2015 年 9 月到 10 月那段难忘的日子里，我们给出了正确的建议和重要的推动力。三年前那场紧张的谈判，恰好就在同样的 9 月底、同样的香港，两家公司最终强强联手，产生了巨大的协同效应。"

沈南鹏讲的"协同效应"，可以通过当年的一组数据体现出来：就在两家公司合并之后，美团点评覆盖全国超过 2800 个市、县、区，拥有用户将近 6 亿，日订单量突破 1300 万，2015 年一年的总交易额便超过 1700 亿元。

更为重要的是，随着美团和大众点评的合并，大众点评创始人张涛退出了饿了么的董事会，然后把曾支持饿了么的流量全部导入美团。在 2016 年年底，美团的外卖业务成了行业的龙头老大。众多企业都开始意识到，融合才能更好地突围。

迎难而上，美好出行

在美团和大众点评宣布合并的 2015 年，位于北京中关村科技园数字谷 B 区的滴滴公司，迎来了一位不速之客。

在剑拔弩张的气氛下，双方谈了很久，最终也没有结果，来自大洋彼岸的谈判代表在办公室里撂下一句话："你们只有两条路，要么接受我们 40% 的投资；要么等着被我们征服！"中方的企业家则不急不缓地给美国的谈判代表画了一幅图，边画边说："你比我们早三年创业，现在的市值是 500 亿美元。我们晚你几年，但我相信这会是另一个淘宝和亚马逊的故事。"他说的这两家公司在 2015 年交易规模的占比分别是 58% 和 0.9%。所以这句话等于给了美方谈判代表答案——要战就战吧。

这个不卑不亢的中国企业家就是滴滴出行的创始人程维，他所面对的美国

程维

公司是 Uber，中文名叫"优步"。这场谈判的破裂，意味着在不久之后，一场大规模商战一触即发。

现如今，滴滴出行已是世界十大独角兽公司之一，他们的软件每天有几千万人在使用，体量庞大，自然无须惧怕外敌入侵，但在 2015 年，程维说出那番"要战便战"的宣言，可是需要很大勇气的。要知道，仅仅在三年前，这个敢于挑战 Uber 的中国企业家还是个在写字楼、CBD 派发广告的年轻人。

2012 年，作为阿里巴巴旗下的 B2C（公司对个人，商家对客人）产品——支付宝的事业部副总，程维长期奔走于杭州和北京之间，做什么呢？产品推广。就在这年除夕，风雪席卷了大半个中国，春节联欢晚会如约而至，当时冯巩演了一个小品，名叫《爱的代驾》，大量的网络段子中，散发着温情的年味。看着这段小品，电视机前的人们享受着喧闹的除夕夜，只有程维多想了一点：大家好像都在抱怨打车难，但没有人去改变。就在年后，程维决定创业。

当时，有六个项目摆在程维面前，他有点纠结。因此，程维没有直接辞掉在支付宝的工作，而是又待了九个月。在这段时间里，他一直在想创业做什么。当时他本觉得创业的机会很多，但后来想想，自己对创业的想法都是很浅薄的。诚然，创业前期需要冲动，但不能一直靠冲动，最后还是要形成自己对商业的判断。

程维知道，在BAT创业时，当时的巨头是华为、万科，但他们看不懂互联网。而在今天，巨头们都身处互联网行业，他们对创业公司也很紧张，也有自己的顾虑。但在细分领域，如果做到最好，就一定能够打败这些巨头。

程维线下调研

于是，程维游走于全国各地。人们在街头打不着车，不得不在风中瑟瑟发抖的场景，在他脑海中一次次上演。这是他的一个痛点。他当即决定，创业项目就从解决这个痛点开始！

程维最初的想法是，设计一款打车软件，通过互联网解决打车难的问题，让人们无须在路边等待，就可以随时上网找到出租车。同时，这也让出租车司机不再漫无目的的沿街"扫活"寻找客源，工作效率自然会得到提升。以北京为例，在拥有两千万常住人口的"首堵"，"打车难"成了城市特色之一。当然，这不仅是北京的问题，全国一二线城市或多或少都会有，但即使市民们抱怨打车难，当时北京市数万辆出租车的空载率依然很高。那么，如果有这样一款产品，它既能降低出租车的空载率，又能为用户解决出行问题，无疑会开辟一个巨大的市场。

项目和想法都确定了，程维在支付宝的同事王刚又给他提供了 80 万元人民币的启动资金，有了第一笔投资的程维，公司到底办在哪呢？中关村还是杭州？这成了程维面对的首要问题。巧的是，2012 年 3 月 14 日，"2012 创业中关村"系列活动启动仪式在北京举行。在这一年，中关村接连出现了一批创业者，优秀的创业投资机构在中关村高度聚集，创业投资案例和金额持续增长。联想投资、今日资本、北极光创投、华登国际、联创策源、金沙江……一批境内外知名机构成了中关村的合作伙伴。活跃在中关村的知名创投机构已有 100 多家，管理的资金规模超过 200 亿美元。也就是说，在中关村创业，只要是好项目，投资人便会蜂拥而至。而且中关村里人才荟萃，满是思想迸发、激情碰撞，没有哪里比中关村更适合搭建创业班子、组建创业队伍了。

正因如此，程维最终选择了北京，选择了中关村。在中关村 e 世界，程维租了一个很便宜的仓库作为办公室，开始了自己的创业旅程。北京中关村 e 世界，一个有年头的电脑卖场，程维的公司门牌就藏在仓库区内，门外时常传来板车拉货的声音——当时的中关村大街，五花八门的创业公司常与足疗店和小饭馆混杂相邻。

就这样，初创的滴滴公司坐落在中关村最不起眼的地方。但程维继承了中关村人的精神——创业、创新、百折不挠、锐意进取。面对起步的困难，程维先问自己：方向有没有错？没错，那就去做，做一程是一程。

三年后，被人们称为"出租车行业小岗村"的滴滴公司，在这里起航了。

当时北京共有189家出租公司，程维给自己的目标是：两个月内让司机用户数突破1000。可结果却事与愿违：40天里，没有一家出租车公司肯跟他合作。每天早上，线下的同事都信心满满地出发，晚上又灰心丧气地回来。大伙儿每天都很气馁，因为他们会被问到同一个问题："你们有没有交通委员会的红头文件？"

当时的滴滴出行，不过是个看半天都不响的软件，谁又会把红头文件发给你呢？要不换个城市试试？程维想到了深圳，在他看来，深圳是个比较开放的城市。结果，他还是碰到了同样的问题："你们有没有交通委员会的红头文件？"

这时的程维并未陷入绝望："等你努力到无能为力、认为走投无路的时候，上天就会给你打开一扇窗。到了40多天的时候，终于有一家昌平的出租车公司愿意跟我合作了。那家公司很小，只有70辆出租车，老板不懂互联网，只是觉得我们挺不容易的，借着酒劲就答应了。"正是他这句话，让程维看到了曙光。一家公司签约之后，程维快马加鞭，加大推广力度，接下来一个星期内，又有4家出租公司和他签了约。慢慢地，合作的出租车公司有了，就该组织司机培训了。有一次，程维亲自去做培训，但下面的司机根本不看他——司机师傅们最讨厌的就是开会，耽误赚钱不说，还经常被推销各种机油、汽油。总之，

滴滴公司举办司机培训会

在他们看来，滴滴就是新型的骗术。

当时，在100个司机中，有智能手机的不到20个人。所以，他们每天只能给七八个师傅装软件。一天，有个同事特别高兴地打电话给程维："今天我们有了巨大突破，装了12个。"程维心里觉得特别凄凉：当初计划两个月给1000个司机装，现在一天只能装七八个，真不知道公司什么时候能做起来。

9月份，滴滴公司的产品——滴滴打车正式上线。打开滴滴打车，在北京市的地图上，零星亮起16盏灯。这说明，在整个北京的6万多辆出租车中，只有16个司机在使用滴滴。整整一个夏天，司机不相信，乘客不爱用，这让程维感觉世界仿佛四面是墙。对于创业者而言，如果放弃，就是等死，而咬牙乱折腾，只能死得更快。地图上亮着16盏灯,说明起码有16个司机相信他们,他们不能让这16个人失望,不能让这16盏灯灭了。没有订单,程维就找人去打车——每天绕三环打,但路程不能太远,因为资金有限,得省着点花。

原以为产品上线是一个门槛,但上线只是开始。程维他们不知道怎么提高流量,于是就去小区电梯里贴传单、去国贸的路边发传单,但都没有作用。还是那句话——努力到无能为力,上天就会帮你打开一扇窗。团购很烧钱,但滴滴面临的竞争比团购激烈100倍。程维的第一个对手是摇摇招车。当时摇摇做专车,2012年4月就拿到了350万美元A轮融资,这是滴滴公司的100倍。而且他们早已有了用户基础,转型做打车再合适不过。当时,摇摇公司的第一个策略是,在广播电台做了个广告介绍自己的软

滴滴公司召开司机意见征集会

件，然后说 2 周后去一个地方开会。

当时流行电视购物节目，在节目结束前总会有这样一句：即刻起拨打电话×××。滴滴公司里负责后勤的人就出主意，说接着摇摇后面做个广告，就说"现在拨打电话×××即可下载安装"，反正司机师傅也分不清摇摇还是滴滴。等到两周后摇摇公司开会时，却发现没人去，因为很多司机装的其实是滴滴。

摇摇公司的第二招是租下机场的一个摊位。由于当时摇摇比滴滴出的钱多得多，摊位自然被摇摇租走了。

遇到出手狠辣的对手，一定要想尽办法去赢。转机出现在 2012 年 11 月 3 日，连日阴雨的北京，迎来了第一场雪。大雪格外眷顾他们，下得比往年都大，很多上班族被困在风雪中，便尝试用滴滴打车。由此，滴滴公司的业绩猛增，程维终于感到了隐藏于寒流下的春之气息。

正因这场大雪，滴滴打车第一次有超过 100 辆出租车同时在线，紧接着是第一次单日超过 1000 个订单。"如果不是 2012 年的那场大雪，也许就没有滴滴的今天。"在那个冬天，程维做了他能做的一切，其他的，交给老天。

正是有了这样的成绩，滴滴打车开始了正常运作，并有了完整且详细的商业及盈利模式。中关村里嗅觉灵敏的投资家们，一直在寻找最美味的投资机会。而滴滴打车的数据，让他们看到了一片最有价值的投资沃土。

程维的公司有团队、有产品和数据支撑的商业模式，这符合 A 轮融资的标准。很快，滴滴公司就获得了 A 轮融资——来自金沙江创投的 300 万美元。现在，程维开始思考另一个问题：如何在网约车平台的竞争中站稳脚跟。至于他如何才能成为一名成功的创客，当时谁也不知道。

2013 年，"创客"一词风靡中关村。"创客"本指勇于创新、努力将创意变为现实的人，但在中国，它一下子与"大众创业，万众创新"联系在了一起，特别是指像程维这样具有创新理念、自主创业的人。而在这一年，创客们似乎迎来了这个时代的春天。

2013年初，网约车领域的竞争尤为激烈，一大群手机打车软件如雨后春笋般冒了出来。有了300万美元的资金，滴滴打车团队来到北京火车站，依靠横幅、传单、咨询摊位、地推人员推广等方式，向司机们介绍滴滴打车，并免费为他们安装。因前期人手不足，从早上八点到晚上十点，地推人员始终坚守岗位。甚至在凌晨两点，他们也是有问必答。针对流量跑得快的问题，滴滴公司给予补贴，起初的流量费为一周5元，后续还不断有相应的补贴。

随着滴滴打车软件的不断完善和地推团队的高效率服务，滴滴打车的用户量有了显著增加。"滴滴打车"四个字在司机间口耳相传，一些年纪稍大的司机也主动换了智能手机，并向地推人员咨询。到了2013年底，滴滴打车已覆盖了全国的32个一、二线城市，北京市和上海市的覆盖率最高。全国有近35万名出租车司机们在使用滴滴打车，注册乘客数量达到了约1000万。

得益于智能手机在那两年的快速推广，以及移动互联网时代的到来，滴滴不仅在北京站稳了脚跟，各项数据也开始呈几何级数成长。此时，滴滴公司获得了长足的发展。现实已验证了滴滴公司的商业模式、盈利模式没有问题，而这正符合开启B轮融资的标准。不过，这次的投资者有点特殊，因为他是中国的网络巨头之一——腾讯。

早在2013年春天，腾讯投资部总经理彭志坚就请程维吃了饭。后来，一件更令程维想不到的事情发生了：腾讯董事局主席马化腾在北京参加两会期间专程请他吃饭。要知道，对于程维这样的年轻创业者来说，马化腾可是神一样的人物，他专门请自己吃饭，这是不可想象的事。更重要的是，在当时的打车市场上，滴滴公司的占有量并不大，一天才一两千单。不过，马化腾凭借超前的格局、眼光和能力，看出了滴滴打车的潜力所在。在这短短一顿饭后，

2013年4月，滴滴公司获得了腾讯集团1500万美元投资，程维多了一位"大哥"——马化腾。

到了2014年1月，马化腾促使微信与滴滴达成战略合作，开启"微信支付打车费补贴"营销活动。在微信这一巨大流量入口的带动下，截至2014年3月，滴滴打车的用户数已超过了1亿，日均单数达到约521.83万。和腾讯投资前每天才一两千单的小公司相比，此时的滴滴已成为日均订单数最大的移动互联网交易平台，早就不是昔日的"吴下阿蒙"了。

随后，在马化腾的主导下，滴滴在2014年完成更大的C轮1亿美金融资。就在有了这笔巨款之后，程维想到了一个促销推广活动：给司机和乘客一些补贴。但他没有想到，这个活动将会引发滴滴打车和快的打车两大巨头的直接对抗。

最初，程维找腾讯要几百万元的预算，但对方立刻回复说：你们的预算太少，这样活动做不大。于是。腾讯给了滴滴几千万元。结果则是，这笔补贴让滴滴打车的成交量暴涨，一周内补贴已经过亿。

数据的暴涨让对手快的和其背后金主阿里迅速加入。这时，是否该结束补贴活动，让程维犹豫再三。之后，滴滴补贴取消，形势迅速逆转，滴滴打车的交易数据大幅下滑。董事会上，程维焦虑地说："两周之后，快的的数据就会超过我们。"董事会对接下来的形势进行了推演：一旦市场份额失去，就会产生恶性循环，简单来说，乘客觉得没有司机应答，司机觉得没有乘客可拉，强者越来越强，弱者将无立足之地。简单来说，这是生死存亡的一战，必须跟上。

于是程维再次找到腾讯，希望其继续参与补贴支持，以对抗快的。由于此前的补贴都是腾讯买单，这次程维的方案是腾讯、滴滴各掏一半。腾讯高层也爽快地表示：不论补贴是一个月后还是下周一就开始，都请程维做决断。

柳青

中关村的这个时代并不是柳传志和陈春先的时代,创业者也不用再像当年那样,自己拉着板车,一台台地组装电脑。当下是创业公司能最大限度地获取社会资源的时代,对中关村的创业者来说,这是最好的时代,也是竞争最激烈的时代。

起初程维只是想道:衣食住行是人类最基本的需求,而"行"的改变是最缓慢的,所以滴滴打车的使命就是让出行变得更美好。因此,在一开始做打车软件时,程维是想把线下行业线上化,把自己的软件做到最好,至此,滴滴打车开始招募司机,构建司机的培训体系,期间,市场化的出租车、顺风车应运而生。按照这个逻辑,程维只想把所有的出行方式连接到线上,构建一个最大的出行平台，以便最高效地满足用户的出行需求。

然而，从 2015 年的初春到 4 月份，价格大战愈演愈烈，打车几乎算得上免费了。此时，滴滴和快的双方已形成了囚徒困境：如果一方不停，另一方也停不下来。他们都很清楚，这场为时一年的烧钱大战，早就令彼此疲倦不堪。

他们有意合并，不过两家商量再三，在股权方面却谁也说服不了谁。就在这时，一个名叫柳青的女人出现在了程维面前。柳青是谁？且不说她柳传志之女的身份，光是从北京大学计算机系毕业、哈佛大学硕士、24 岁入职高盛亚洲创投、30 岁晋升为高盛亚洲区执行董事，随后出任总经理……这些光鲜的履历就已经够强悍了。更何况，在加入滴滴之前，她的年薪为 400 万美元。

柳青（左）和程维（右）

时隔多年，程维对柳青的印象仍未改变："看到柳青，我也紧张，不论是能力还是人品，柳青都好得让人紧张。柳青原来的工资是400万美元，我和她说，滴滴的一半工资都是你的，剩下的才是我们的。2014年末，所有人都不知道这场出行领域的南北大战还要持续多久，包括我在内。滴滴和快的在大战中烧钱数十亿人民币，市场份额接近，谁也无法结束这场大战。而这个时候，百度联合Uber还在旁边虎视眈眈。"

由于柳青和马云、马化腾相熟，在她的穿针引线下，滴滴和快的两家不久前还拼得死去活来的公司，于2015年2月14日宣布合并。市场份额占优的滴滴团队，主导着合并后的新公司。

合并的不只是滴滴和快的、美团和大众点评。整个2015年度，在互联网领域，众多之前还杀得刺刀见红的企业纷纷共结连理。2015年4月17日，58同城和赶集网，这两个分类搜索领域的"欢喜冤家"完成合并。同年10月25日，国内最大的旅游在线服务商携程成为竞争对手"去哪儿"网的大股东。12月7日，婚恋交友领域排名第一的"世纪佳缘"和排名第三的"百合网"合并。2015年成了名副其实的"融合年"。

融合的背后是市场的变幻。移动互联网时代引爆的红利即将结束。经历了五年的高速扩容之后，中国手机市场的增长已陷入停滞，出货量甚至比2013年还下降了10.5%；互联网服务市场已趋于饱和，获取线上新客户的难度越来越大。因此，合并融合就成了降低竞争成本的唯一出路，也是凝心聚力对抗强敌的必要手段。

之后的一年里，合并后的滴滴公司用90%以上的应答率和60%的拼成率，解决了打车难的问题，同时将分享经济的模式与理念带进了中国的400多个城市，让2.5亿中国百姓切实感受到了分享经济带来的便利与舒适。

头条制胜，一鸣惊人

2015年3月5日，在第十二届全国人民代表大会第三次会议开幕会上，国务院总理李克强在政府工作报告中提出了"互联网+"行动计划，即"推动移动互联网、云计算、大数据、物联网等与现代制造业结合，促进电子商务、工业互联网和互联网金融健康发展，引导互联网企业拓展国际市场"。

没有什么机遇能比国家战略更有含金量。

企业家搭上战略顺风车的动作非常娴熟。

工业、农业、服务业……三百六十行，无论传统还是新兴，只要会念互联网的经，懂得"互联网+"的奥秘，都能瞬间焕发新的活力。这中间难免有功利、有浮躁、有泡沫，但谁也不能否认：互联网有一种天生的特长，那就是善于精准地发现人的需求，精准地满足这种需求，因此才能成倍地提升交易的效率。

说到底，决定成败的还是信息。信息不足时，能提供足够信息的人是赢家；信息过剩时，能提供信息过滤的人是赢家。

张一鸣，这个名字包含了古老的典故——三年不鸣，一鸣惊人。他的一鸣惊人，源于对信息产业的全新理解。

2005年从南开大学毕业后，张

张一鸣

一鸣先后参与创立酷讯、饭否和九九房等。从程序员到技术委员会主席再到CEO、企业创始人，张一鸣始终笃信，技术能改变生活。

而2006年的一件小事，让张一鸣更加坚信了自己的看法。当时，他想买一张回家的火车票，但铁路系统还没有网上售票，去火车站买票很难，又不知道网上什么时候会有二手票。于是，趁着吃中饭的时间，张一鸣花了一个小时做了个程序，它能帮助他定时搜索车票信息，并随时发出短信提醒。结果出门不到半个小时，张一鸣就收到了短信，然后很快就买到了票。

显然，市面上不是没有票，而是你不知道从哪里找到票。换句话说，之所以存在这样那样的问题，是因为信息没有在合适的时间送给合适的人。

张一鸣的事业，将在这个理论基础上建立起来。2011年，这个时机到了。

在很多人眼里，张一鸣是一个技术男、理工男，但谁也没想到，实际上他对内容和信息传播也有着非常深刻的理解，因为他是个深度的信息获取者。张一鸣中学时就喜欢看报纸，他每周要看二三十份报纸，从地方的报纸到人民日报，每个字都不落下，甚至连中缝都看。可见，他确实对信息的获取非常敏感。此外，他还讲了这样一个细节：2011年初，地铁里有很多人看报纸，包括地铁口都有很多人买报纸和收报纸。可到了年底，对报纸感兴趣的人却越来越少了。他敏锐地察觉到，这个现象背后的本质应该是信息传播的介质发生了变化，即从报纸转移到了手机端。

当然，看到这一点的人不在少数，新浪、网易、搜狐三大门户网站都有自己的新闻客户端。张一鸣该如何在这个"红海市场"里突围呢？他相信的依然是技术的力量。

2012年正月初七。春节期间的北京城显得有些冷清，位于海淀区知春路的一家咖啡馆还没有正式开业，店内也没有暖气。在这样的环境下，却有两位客人聊得正欢,其中一位便是张一鸣。他语速飞快地向对面的投资人讲述自己项目的概念。只见他随手抽出一张餐巾纸,在上面画出了产品的草图。在这或许是世界上最廉价的商业计划书上,就是今日头条的雏形。

今日头条并不是传统意义上的新闻客户端,其核心是由代码搭建而成的智能推荐技术。依靠这一技术,它会向用户推送他们最有可能感兴趣的内容。字节跳动副总裁马维英是这样看待这种技术的:"我们通过大规模的机器学习和个性化推荐技术,分析人的特征、内容的特征、环境的特征,并将这些高维数据和向量进行实时匹配,然后把相关内容推送给可能对它感兴趣的人。作为

张一鸣在字节跳动公司首个办公地锦秋家园的工位。2012年9月,今日头条的第一版推荐代码在此诞生

新一代的内容平台,今日头条致力于传播有价值的信息,并通过连接人和信息来创造新的价值,促进创作和交流。"

这是信息传播的二次革命:2000年前后的信息革命,让人更加高效便捷地获取海量信息;而2012年张一鸣推动的这场变革,让人更加高效便捷地获取合自己口味的信息。总而言之,过去是你喜欢什么就去找什么;现在是你喜欢什么,什么就自动送上门来。

同年3月,张一鸣创立了北京字节跳动科技有限公司。五个月后,公司的核心产品——今日头条问世。它以"你关心的,才是头条"为口号。2014年9月,今日头条的日活跃用户突破了1000万。

今日头条早期团队

今日头条是什么？最初人们认为，它只是个单一的新闻客户端。后来人们发现，它是一个信息平台。再后来人们终于明白，它是 APP 制造者——很多人并不知道，他们玩得很嗨的多个热门娱乐 APP，都出自今日头条所在的字节跳动公司。从信息起步，又不止步于信息，今日头条的最终定位也许要概括为：多元需求的满足者。

从 2012 年到 2018 年，短短六年的时间里，张一鸣的公司旗下已聚集了今日头条、抖音短视频、西瓜视频、火山小视频、激萌等一系列产品，其中，抖音短视频的下载量更是在 2018 年第一季度超越脸书、YouTube 等知名应用，成为全球下载量最高的 iOS 应用。字节跳动副总裁马维英对于抖音更是赞不绝口："抖音短视频是一个帮助大众用户表达自我、记录美好生活的短视频平台。目前在全球范围内，这款产品广受好评，用户数量仍在快速增长。"

2015 年 8 月，今日头条所在的字节跳动公司启动了全球化战略布局。同年 8 月，今日头条的海外版——"TopBuzz"上线。这是中关村一切优秀企业的必由之路。

而技术出海的，可不只是张一鸣的字节跳动。

联想集团的个人电脑在很长一段时间里稳居全球个人电脑出货量冠军。雷军的小米手机已进入了 74 个国家和地区，在印度市场上连续四个季度高居销量第一。滴滴出行的合作网络覆盖了全球上千个城市。美团的王兴也在谋取海外市场，推动全球扩张。

张一鸣的全球化战略，基础也在于技术。字节跳动公司拥有机器学习、自然语言理解、计算机视觉和人机交互等人工智能技术相关研发成果，它们均能被即时应用于旗下各款产品中。比如，抖音上很火 3D 动态贴纸产品，就是基于"人脸关键点检测技术"，对人脸的 106 个关键点以及多人脸进行识别，即使用户大幅度转动头部，检测工具也不会跟丢。技术和传统视频拍摄的融合，迅速引爆了年轻消费者的热情。抖音成了 2018 年最为火爆的现象级产品。

这些通过技术优势转化诞生的产品，也受到了全球用户的广泛认可，在 40 多个国家和地区位居应用商店总榜前列。现任字节跳动公司副总裁张辅评对此感受颇深："我赶上了整个改革开放 40 年。现在这种翻天覆地的变化，尤其在互联网行业，可能会更加深刻、快速。我们现在汇聚了一批国内外的顶级科学家，他们中有从美国来的，也有从欧洲来的，这在过去是不可想象的。随着公司的全球化发展，我们现在已经是北京最大的小语种专业招聘企业。很多海外留学生在中关村上学，毕业后就到我们公司来实习、上班。这种对人才的聚集，以及因此产生的聚集效应，可以说是前所未有的。"

拥有创新精神的中国科技公司，不再只是将国外的商业模式复制到中国，而是转向自主创新的模式。现在，优秀的中国公司和全世界的其他优秀公司一样，都是"生而全球化"的。比如，意大利女孩桑兰兰就是众多在字节跳动工作的外籍员工之一，她在中关村有着自己的中国梦，"我决定留在中国的原因很简单——我爱上了这个国家。我之所以选择字节跳动，是因为我想挑战自己。我记得刚开始，在北京的那个部门，只有我和另一个实习生，但现在我们这个团队已经有五十多个人了。我们的部门越来越大，我们的同事越来越多，我们的公司开始在很多国家建立分公司。对我们这些在中国的外籍员工来说，这是个特别好的机会——我们可以回自己的国家工作。对我们在北京的同学也是一样，他们可以去国外体验一下其他国家的工作节奏和生活方式。"

可是，中国的科技公司们却没有意识到，"全球化"的漫漫征途上，却有一道隐藏于沙尘中的暗卡，正沉默着阻挡他们的脚步。

海纳百川，广招贤才

"人才是第一资源，创新驱动本质上是人才驱动。中关村最核心的竞争力就是集聚于此的各类优秀的人才，其中不仅包括我们的科学家，也包括企业家、投资人、创业者和各科技服务类的人才。庞大的人才储备为我们提供了重要的创新源泉，所以在科研院所和高等学校原始创新的雄厚基础上，我们通过成果转化的激励政策，使这些成果能够走出实验室，变成可市场化的技术和产品。而在后端，我们通过搭建专业的技术转移机构，通过建设'硬科技孵化器'，特别是吸引投资人和各类'创业孵化机构'参与，便可加快成果商品化的进程。"

翟立新主任所言非虚。在全球化时代，企业于全球各处存在。在全球发展进程中，中关村不再是个普通的村，而是没有限制的"孵化器"。

然而，企业要想走出去，都会面临一个问题——缺乏人才。

2016年，程维担心的那个来自大洋彼岸的强大对手Uber来了，Uber公司覆盖了共58个国家的311个城市，拥有3000名全职员工以及100万名司机。公司创始人卡拉尼克作风十分强悍，被美国媒体

程维

形容为"一个强盗般的坏小子"。在他的带领下，近几年，Uber 一直以征服者的形象出现：它不但征服了美国和欧洲，还意图征服整个世界。

面对这样一个强大的对手，程维表面上不卑不亢，但 Uber 的谈判代表走了以后，他还是去请教了两位高人：一位是老前辈，联想公司的柳传志，他告诉程维要用游击战的思路，发挥主场优势，将对方拖在泥潭里；另一位高人则是腾讯的马化腾，他的建议很是直接——要战就战，从正面击溃他。

事实上，游击战的要点是本土优势，但以中文名"优步"进入中国的 Uber 已不是一家完全的美国公司，它还集合了海航集团、中信证券、中国人寿、万科、民生银行等国内大企业的投资。就在 Uber 拿着中国投资进入中国市场时，滴滴公司却拿到了大洋彼岸包括苹果公司在内的 30 亿美元融资。可以说，大战之前，双方都拿到了充足的弹药。

2015 年，Uber 推出"人民优步"，对乘客和司机都进行了补贴，订单量随即迅速增长。结果，仅在 2015 年上半年，Uber 就烧掉了近 15 亿美元。与此同时，滴滴也烧掉了一样多的钱。因此，有评论者将这次烧钱大战称为"核战争"："第一次海湾战争的花费约为 600 亿美元，而滴滴和 Uber 两家企业的融资总额约为 200 亿美元。这简直就像一场战争！"

随后，Uber 的拼车产品"人民优步+"在中国试运营。它覆盖了全国的 21 座城市，拥有的强大算法能够优化到一辆车搭载多名乘客的情况。此时，Uber 的技术优势开始显现出来。

2016 年 6 月，卡拉尼克表示，Uber 和滴滴不会合并，这场发生在两家中美互联网公司间的出行服务大战远未结束。面对合并的传闻，滴滴公司的战略负责人朱景士也表示，滴滴将很快实现盈利，以此来暗示没有必要合并。

这场烧钱大战的最高潮，可以说是一场奋不顾身的肉搏。卡拉尼克坐镇北京，自称要申请加入中国国籍；程维则去了美国，在硅谷学习一线互联网公司的组织体系、结构。在这场全球范围内的大战中，滴滴迅速从游击队成长为正规军，但相较Uber，滴滴还有两块短板，那就是人才和思路。

人才是滴滴最大的短板，中国没有那么多研究大数据和机器算法的科学家，但在硅谷考察的程维发现，像Uber和脸书这样的大公司里，20%的工程师都是华人。程维让自己的CTO和华人工程师们一起交流，进而成功带回了十几个高级人才。就这样，资本的大迁回包抄，加上人才引进，外线作战的成功让卡拉尼克疲于奔命。

"所有人都认为，他们根本不会停止这场战争。"然而，就在两家公司大举筹集弹药时，却频频传出双方要停火甚至合并的传言。

随着烧钱大战的愈演愈烈，投资人的耐心也变得有限起来。同时，中国市场上的亏损，某种程度上阻碍了Uber的全球上市计划。而对Uber的投资者而言，及时止损、保住全球市场并尽快上市，比抢占中国市场更重要。

在这场大战中，Uber日均订单100万单，补贴14.6亿美元，而滴滴的日均订单和亏损数绝对超过Uber。终于，就在战火持续升温时，资本失去了耐心。滴滴和Uber背后有很多共同出资方，比如中国人寿、高瓴资本等，在这些资本的推动下，2016年8月，程维在微博上发布消息，滴滴将收购Uber中国的品牌、业务、数据等资产，并向Uber投资10亿美元，合并后的新公司估值达350亿美元。相对地，Uber全球将持有滴滴出行5.89%的股权，相当于17.7%的经济权益；"优步中国"的其余中国股东将获得合计2.3%的经济权益。经历了和快的、优步的合并，滴滴公司成了唯一一家由百度、阿里、腾讯共同投资的企业。同时，滴滴出行董事长程维将加入Uber全球董事会，Uber创始人卡拉尼克也将加入滴滴出行董事会。

关于这场燃烧资本的大战,程维表示:"在过去两年多时间里,滴滴出行和Uber在中国这片充满创新的赛场上不断过招,相互学习、砥砺。作为中国本土的科技领袖,滴滴出行希望不断推进科技创新,改变人类出行的未来。与Uber的合作将让整个移动出行行业走向更健康有序、更高层次的发展阶段。"

随后,程维在给滴滴所有员工的公开信中写下了这样一句话:打则惊天动地,合则恩爱到底!

滴滴和优步间的商战备受瞩目,硝烟散去后,管理者们无不注意到,缺乏大数据和机器算法工程师的短板,不只存在于滴滴一家企业,几乎所有走出去的企业都要面临这样的困局。

引进高层次人才,成为国家层面亟待解决的问题。

2016年5月6日,中央召开学习贯彻《关于深化人才发展体制机制改革的意见》座谈会,习近平总书记会前做出重要指示:"办好中国的事情,关键在党,关键在人,关键在人才。综合国力竞争说到底是人才竞争。要加大改革落实工作力度,把《关于深化人才发展体制机制改革的意见》落到实处,加快构建具有全球竞争力的人才制度体系,聚天下英才而用之。"

作为先行先试的排头兵,在人才工作上,中关村国家自主创新示范区一直走在前列。2016年,公安部推出了支持北京创新发展的20项出入境政策,示范区积极争取,让其中10项在这里先试先行。由此,中关村从过去在中国13亿人中选人才,变为了在全球70亿人中选人才。

技术的融合、资本的融合、人才的融合不仅是全球化背景下企业的发展方向,也是国家层面五大发展理念引领下的新常态。

深谋远虑，体验至上

2016年，美团、滴滴、字节跳动等三家中关村的企业发展势头迅猛，被媒体认为是"传统三巨头"——百度、阿里巴巴、腾讯的挑战者和接班人。

在O2O市场狂欢的盛宴中，王兴看到了人口红利的消失，他适时抛出了"互联网下半场"的理论。如果上半场比拼的是用户数量，下半场的重心则在每个用户的平均价值上，这也意味着疯狂烧钱、不计回报、粗放扩张的日子将一去不返。科技创新公司一方面要和传统行业更加全面、深度地融合，另一方面则是加快全球化的步伐，让极致的服务走向全球，同时能调配全球资源为用户服务。简单来说，王兴的策略就是：以用户的价值为驱动力，全力提升消费者的体验，将目光投向长远，不计较短期内一城一池的得失。

正是在这套策略之下，美团得以在团购、电影票、酒店、外卖、景区门票等五个方面做到了"后发而先至"，从挑战者做到了行业第一。

今天，在北京美团公司总部的"作战指挥室"里，在庞大的北京地图上，密密麻麻地在城市中游走的是美团外卖的4473位送餐员。通过这套系统，我们可以准确地看出哪个小区要定多少外卖、哪个区域有运力不足的问题、哪个位置还有开拓的空间。

美团的人工智能系统要将瞬时产生的海量订单按照"最佳路线"原则和骑手进行匹配，同时还要规划好每位骑手的最佳路线，可以想象，后台系统的计算量是极其庞大且复杂的，我们可以通过以下几个数据来感受一下：

仅以北京望京SOHO商圈为例，高峰期约有200个美团骑手工作，每分钟产生50个新订单，对于后台来说，就有200的50次方的计算量。倘若扩大到全国范围，分配方案更是个天文数字了。

要是具体到每一位骑手，假如某位骑手已有4单，只要再增加1单，可能的配送路径就会变成超过 11 万条,而调度系统需要在 1 毫秒内计算出最优路径。放眼全国,在高峰期,系统每小时需要执行约 29 亿次的路径规划算法。

骑手和订单的匹配、多个订单的路径规划,相互关联影响,这都需要美团外卖在短时间内给出最优解,而这一切都有赖于背后的智能调度系统。对于这套强大的智能调度系统,钟永健这样评价:"这套智能的调度系统,有一千个工程师在我们的北京总部进行研发。这套由一千人开发出的超级系统,又由几千人在运营,他们要管理我们的送餐合作伙伴,向他们提出规范的要求,规范他们的动作,还要跟商户联系、沟通。最后,这个系统会达到怎样的运行效果呢?它服务了数亿消费者,让数百万餐饮商户可以提供外卖的服务,还带来了近 60 万个实实在在的送餐员工作岗位。"

这种技术能力有助于管理庞大的线下队伍,人们要做的是理解服务的本质,为用户着想,改善消费体验。在科技的高速发展下,无人送餐车应运而生。

美团无人配送车"小袋"

2018年9月初，美团无人配送车"小袋"已开始在雄安新区市民服务中心试运营。用户可以在美团APP上找到雄安市民中心店下单，外卖骑手就会与"小袋"接力，将物品快速送到用户手中。这辆小车不需要人为控制，可以自己等交通灯、拐弯，还会避让行人。

科技改变生活的同时，美团也在用科技守护着每一位送餐骑手的安全。哪怕是一款小小的智能耳机，都是基于云后台的海量计算数据而生。除此之外，依托美团配送系统的智能运算，系统还会进行一系列提醒与引导，包括骑行超速提醒、恶劣天气提醒、到达客户附近时的电话提醒、订单查询与自动播报、配送任务规划，等等，用技术实现了对送餐骑手安全的全方位护航。

成绩激励成长，在中国，以信息技术为代表的新技术是生机勃勃的，也是创新向前的。它们可能有这样那样的问题，但这些正是未来改进的发力点、未来科技的增长点。互联网经济很容易和供给侧结构性改革结成同盟，为了满足人们对美好生活的向往不断提升自己。更为激动人心的是，在这历史性进程中，中国人意识到了科学、技术、知识、头脑、人才的重要性，意识到了创新和想象力的重要性，也意识到了奋斗和创业的重要性。新经济的潮流正是"百川河流起大船"，让每个人都有能力在前进的甲板上出力、出彩。

第六章
千帆竞渡
海天阔

chapter six

科学的朴素前进
将神话变成凡人日常
想象的落地生根
把科幻变成生活起居
自古英雄出少年
少年智则国智
创新驱动在路上
动力强则致远
中关村风云四十年
千帆竞渡海天阔

———

让我们一起期待，创新战略铺开的锦绣未来。

旷绝一世，技术为王

2018年，苏州地铁系统日均客流量达到几十万人次。茫茫人海，瞬息万变，若想在限定时间里精准找到某个人，即便有监控探头帮忙，也无异于大海捞针。六年前，在调查轰动一时的"周克华系列杀人案"时，几百个警察不得不瞪大眼睛，从几千个小时的视频素材中找人。他们每一秒画面都不敢放过，每一个疑似身影都得反复打量，工作枯燥而辛苦，疲惫而低效。

六年后的今天，警方面对同样的任务，不需要人海战术，也不用夜以继日。

如果一个逃犯走进被监控摄像头覆盖的区域，只要他露脸，哪怕不是正脸，摄像头连接的后台系统也会抓取他暴露的83个面部特点，和警方的身份证图片库实时比对。系统可以瞬间匹配，瞬间报警，警员会现场确认。测试时，从发现逃犯到现场确认，再到逮捕归案，总共只需要25分钟。

2017年，这种技术已协助警方抓捕了5000多名逃犯。逃犯不会意识到，有一张无形的网，带着科幻电影特有的凌厉，让其无所遁形。

科技改变了我们的公共安全模式。改变源于理想，理想有时来自幻想。只要付诸行动，幻想就能变成现实。

印奇的幻想始于一部科幻电影——《机器管家》。它讲述了这样一个故事：一个机器人长久与人类接触，慢慢学会了人类的动作、语言、思维甚至情感，最终被人类认可，融入了人类社会。

人工智能是科幻电影的重要题材之一。很多人看完电影，又转身回到按部就班的生活之中。而印奇看完后，确定了自己一生的事业，就是去做人工智能。

2010年夏天，清华大学姚期智实验班的学生印奇毕业了。吃散伙饭时，他向同学唐文斌提出一起创业的想法。印奇志在科研，唐文斌擅长工程化，后来加盟的师弟杨沐擅长数据挖掘，至此，

年轻时的印奇

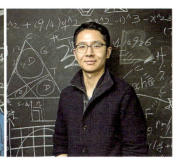

旷视科技创始人合照

"三剑客"都已到位，踩下了科技创业的油门，他们的公司叫"旷视科技"。这个名字体现了三个理工科高才生的语言造诣——"旷"字显得气象恢宏，雄心勃勃。

2011年，中国的互联网格局变得稳固，移动互联网浪潮刚刚涌起：在一年一度的百度大会上，李彦宏展示了个性化的新首页；微信刚刚推出第一个版本；阿里巴巴集团还在整合自己的电商。

2012年，旷视科技研发出了他们的第一款产品：游戏《乌鸦来了》。没有人意识到，这款旷视科技的游戏会有什么革命性价值。《乌鸦来了》是一款体感游戏，玩家通过摇晃头部控制游戏里的稻草人，拦截从天而降偷食庄稼的乌鸦。结果，《乌鸦来了》大受欢迎，很快就冲到了 Apple Store 中国区游戏排行榜的前五名。

"创业者就是要做别人想到却不敢去做的事情。"当时，人脸识别可是最前沿的研究领域，有着极高的门槛，除了微软、谷歌、脸书等大公司外，没几个公司敢涉足其中，但印奇还是选择孤注一掷。"这（《乌鸦来了》）不是普通的游戏，因为我们用了人工智能中关于人脸检测和追踪的技术。实际上，这一直是我们的核心想法：找一个好的载体，找一个所有人都能感知到的方式，让大家感觉到，其实人工智能距离我们没有那么远，它也能变得很好玩、很有趣。正是因为《乌鸦来了》诞生于这一初衷的基础上，所以我们对它是很有信心的。结果我们发现，人工智能技术的确能在很多行业改变大家的认知。所以，从本质上讲，我们的初心一直没有变：坚持围绕人工智能做产品，只是产品的形态会有变化。我们会先从相对娱乐化的场景开始做起，接下来，我们可能会在金融、安防、手机等更为重要的行业发挥作用。"

显然，项庄舞剑，意在沛公，印奇和他的伙伴并不打算在游戏界继续深耕，尽管他们不缺靠这种技术"赚快钱"的能力。这是他们的"投石问路"，或者叫"牛刀小试"，目的是看自己能否在既定道路上走下去。他们的终极目标，是让人工智能改变虚拟世界乃至现实世界，而不只是赢得尖叫和流量。

他们认真而投入。印奇甚至花了两年的时间，在美国哥伦比亚大学攻读

《乌鸦来了》标题画面

了硬件和三维感知方向的硕士。之所以选择这样一个方向，是因为图像识别是人工智能的核心技术之一，没有它，人工智能就没有眼睛。印奇的技术团队还为"眼睛"配了一个了不得的"大脑"——"类人类脑神经元算法"。简单地说，这一算法就是运用大数据，让人工智能去见识当今世界的各色人种、各类脸庞，总结各种骨骼、五官，最后形成人类面部信息的海量记忆。到那时，人工智能将无所不知，火眼金睛，一看一个准，几乎没有盲区、没有意外。

中国的科技精英把这套技术玩到了国际一流水平，在国际比赛中打败了脸书、谷歌等国际巨头，屡屡夺冠。然而，印奇需要让技术落地。要知道，当时很少有人理解该技术的现实价值。在最初的"种子客户"里，理解相对透彻的算是美图秀秀——印奇的技术既然最善于"看相"，那就拿过来用于美颜，赚爱美人士的钱。

这显然属于大材小用。不过，既然有中关村这个舞台，就不必担心曲高和寡。在这一时期，中国已经开始把创新驱动视为可持续发展的新动力，任何一种自带创新气质和引擎潜力的技术，都不会被埋没。而中关村要做的，就是把这种技术放进光芒璀璨的橱窗，让那些有需求的人对其一见钟情。

2014年，阿里巴巴董事局主席马云正在寻找一种验证手段。他的互联网金融业务对安全有着苛刻的要求：既要让每个用户都能跨过门槛便捷使用，又要有简单可靠、不怕忘记的新型密码。而在种种秘钥中，最傻瓜且可靠的莫过于刷脸。2014年，中关村组织了一个展会，马云遇到了印奇，双方一拍即合，印奇的公司由此迈进了互联网金融领域。关于那次相遇，印奇是这样回忆的："我们跟他（马云）相遇，确实是在中关村的一次展会上。当时，我们的同学去布展。从某种意义上讲，我们真要感谢中关村，因为当人们想在中国找个好技术的时候，第一反应可能都是'去中关村看看''中关村有没有好的技术公

在布满监控摄像头的空间内,人工智能识别系统会瞬间识别出目标面部的数十个特征,瞬间显示出其年龄、衣着等。即便目标进入茫茫人海,系统也会在毫秒间将其找到。

司'。其实在那之后,关于人脸识别在金融和支付宝上的应用,我们之间花了非常大的精力来合作,我们可能用了半年时间去打磨技术,并让它和产品完美结合。"

2015年3月16日,在德国汉诺威举办的IT博览会上,马云发表完主题演讲后,特意为德国总理默克尔、时任中国国务院副总理马凯演示了"蚂蚁金服"的扫脸技术,并当场刷了自己的脸给嘉宾买礼物。这个"科技秀"瞬间成了开幕式的一大亮点。

没有比这更好的产品代言了。强悍的人脸识别实力让印奇声名鹊起,大客户纷至沓来。如今,旷视科技为平安银行、中信银行、江苏银行、小米金融、宜人贷、中国电信翼支付等多家金融机构提供人脸识别验证服务。

一根藤上可以结不止一个瓜。反正是识别,既然能识别好人的脸,也就能识别坏人的脸。印奇的技术顺理成章地被引入安防领域，在杭州G20峰会、厦门金砖峰会、海南博鳌论坛等多次重大活动中均被"点兵"，参与高级别安保工作。

2017年7月6日，在经济形势座谈会上，印奇以旷视科技CEO的身份，与另外5位经济学家和企业家一同被邀请参会。印奇在发言中提到了旷视科技在深度学习上的核心技术系统——城市大脑。李克强总理问："我们中国的年轻人有志气，这很好，但你一定要很诚实地告诉我，这是不是咱们中国自己原创的？"得到印奇的正面回答和详细介绍后，李克强总理表示赞许。中国的技术公司有自己原创的东西，而不是把国外的东西拿来改一改，这让他很高兴。

印奇参加经济形势座谈会

2017年,福布斯颁布了"30岁以下亚洲杰出人物"榜单,28岁的印奇位列企业科技人物排行榜的首位,光荣地成为了封面人物

不过,印奇对于中国乃至世界人工智能领域的展望,并不止"原创"这么简单:"'城市大脑'这种人工智能是无形的。未来,每个城市里可能都会有这么一个无形的人工智能,它能把城市里所有的基础设施、交通状况、物联网的终端等管理得井井有条。总而言之,大到一个城市,小到一个家庭,里面所有的设备都会被管理好。并且,'城市大脑'很聪明,它能和我们对话,也能看懂我们的需求。在此情况下,'城市大脑'这种人工智能不一定是具象的机器,也可能是在所有的机器和设备后的'大脑',它能让世界变得更美好。我认为这两方面是未来人工智能的发展方向,终有一天能够实现。"

如今，旷视科技已经成长为国内人工智能领域排名前列的独角兽企业。它的壮大轨迹，既证明了科技的力量，也证明了"中关村模式"的魅力。

"寻找好技术，先去中关村看看"，这已经是一种久经考验的共识。中关村多年来营造的"场"发挥了作用。这种"场"既包括现实的物理空间，也有看不见的思维路径，简单地概括一下，就是创造优质的环境，给创新一片沃土，让中关村成为高技术层出不穷的富矿带和空中花园，吸引有技术需求和投资热情的人到这里来挖掘、采摘，做一番大事。

事实证明，这种撮合总能成就良缘。

旷视科技成立六周年合影

千里姻缘，咖啡来牵

2011年，美国记者维韦克·瓦德瓦（Vivek Wadhwa）在两个月内走访了中关村的多家企业。回到美国后，他写了一篇题为《美国人应该真正害怕中国什么》的报道，它被刊登在2011年9月27日的《华盛顿邮报》上。文中这样写道："美国人不应惧怕中国的专利、论文，也不应惧怕中国的GDP，美国人真正应该害怕中国的是——中国的年轻大学生从中国的顶尖学府毕业后，正在走出校门，走向市场，开始创业，他们已经成为或即将成为企业家。而且，中国人已经发现了美国的秘密。这着实可怕。"

文章里提到的"美国的秘密"，就是科技和资本的结合，正是这个秘密，使得美国的高科技产业在过去几十年里独步天下。但这也的确称不上什么秘密，美国人知道、欧洲人知道、亚洲人知道，几乎全世界的人都知道。四十多年前，当陈春先站在硅谷，参观那些教授们联合投资人创办的企业时，便已知晓这种组合所蕴含的巨大潜力。

但是，知道是一回事，能不能做到是另一回事。

中国人从"知道"到"做到"，再到"做得得心应手"，皆因开辟了一块试验田，并将获得的经验推向全国，上升为国家战略。

这是一种带着咖啡芳香的战略。

"车库咖啡"，从名字就开始向硅谷致敬——创始人显然知道，在美国加利福尼亚州的一些车库里，诞生过改变世界的技术。

苏菂，"车库咖啡"创始人，曾在一家上市公司做市场总监。他接触过许多公司的首席执行官和首席技术官，其中不乏初创团队。他意识到，创业就像成家，很多人无法找到理想的伙伴，是因为无法和真正合适自己的人面对面。

北京太大了,创业者太过分散,志同道合者擦肩而过,能力互补者咫尺天涯,误打误撞的物色方式效率低下。

想到这儿,解决方案呼之欲出。苏菂萌生了一个想法:是不是可以搞一个空间,把各类创业者集中起来,来个"千里姻缘一线牵",即一场创业项目的"相亲大会"?苏菂做了调研,结论是:硅谷有这样的地方吗?没有。北京可以有这样的地方吗?当然可以有!

"当时,我在国内乃至全球范围内,也没有看到类似的形态——主动想将创业者和投资群体聚集起来的地方,无论是咖啡厅还是其他形态的场所。那时我特别希望能找到类似的,但最终也没有

苏菂

找到。从时间发展来看,我们遵循自己的节奏,慢慢就做到了。('车库咖啡')成了北京甚至全国创业者的聚集地,让创业者和投资者之间的距离变得更近,甚至影响了整条中关村创业大街。"带着这样的想法,苏菂找到两位之前有过接触的天使投资人。他们都看好这个想法,于是三人开始反复研究,逐渐细化,结果是:他们决定办一个"共享办公式"咖啡厅。

在巴尔扎克时代的巴黎,在海明威时代的哈瓦那,咖啡厅都不只是喝咖啡的地方。人们可以在那里做的事情很多,是很多人读书、写作、开策划会的理想场所。而苏菂要做的,是把咖啡馆的附加功能变成主业,吸引创业者。

苏菂

今天的中关村创业大街寸土寸金,是创业资源的富集区,但在苏菂相中它时,那里还很冷清。当时,苏菂拿下了一家宾馆的二楼,800多平方米的面积,日租金1600多元,合每平方米2元——在当时的中关村,这已经是"白菜价"了。

苏菂签订了租赁合同,一边装修,一边注册公司,公司名为"创业之路咖啡有限公司"。筹备开业的时候,他在网上无意中看到了一篇帖子,得知在美国,众多像惠普、苹果一样的知名企业,都是在车库起步的。他灵机一动,将咖啡馆的名字定为"车库咖啡"。这杯咖啡火了起来。

出人意料的名字本身会吸引一些眼球,但拥有持久的吸引力,一定是因为满足了某种现实需求。如果能听到成功者的传授,能遇到投资者的慷慨,能见到出人意料的技术,能看到长远利益的萌芽，那么无论叫什么名字，都会聚拢资源。

精明的大企业意识到了这个空间的价值，他们愿意支持苏菂，通过他的平台为自己物色机会。在苏菂看来，这是一种帮企业合理降低成本的方式："其实，阿里云刚刚起步的时候，也给好多创业团队免费的云空间。当时我们有一个服务，就是整合中小企业，然后去找大型公司'化缘'。这等同于团购，能帮助成立初期的企业降低成本。"

短短几年时间，"车库咖啡"就和30多家大型公司达成联合服务协议。这里每个月都有"求贤会"，帮助入驻咖啡馆的项目组招募人才；沙龙和讲座你方唱罢我登场，主题几乎都是创业或投资，包括技术探讨、法律实务等。

"车库咖啡"实景

中关村管委会等政府相关部门也加入为"车库咖啡"初创人员服务的行列中来，为"车库咖啡"里的创业团队注册公司开通"绿色通道"，每月有两天，创业者可以在"车库咖啡"提交申请，然后由"车库咖啡"帮他们注册公司，省去诸多烦琐程序。

每人只要点一杯咖啡，就可以在"车库咖啡"工作一整天，按照一个创业团队有三名成员计算，一个月的支出也不足千元。在这里，打印材料只要两角钱一张、会议室的租金是十元一个小时、WiFi 完全免费且速度惊人……总而言之，在"车库咖啡"，创业成本被降到了一个很低的程度。

便利的交通、低廉的办公成本、志同道合的创业者、分享成功经验的前辈、从"零售"变成"批发"的天使投资人……这一切吸引着天南海北拥有梦想的人。诚然，不是所有创意都有投资价值，也不是所有创意都真有科技含量，但这无损"车库咖啡"的价值。在这里，大部分创业团队失败了，少数成功者最终变为企业、创造价值。而万里挑一的某个幸运儿，也许就能改变生活、改变世界，甚至改变我们原以为的未来。

衣锦还乡，药行天下

中关村是一个科技创业的海洋生态系统，并非所有水族都能成为鲸鱼，但只有浩荡的洋流，才能培育出生机勃勃的气象，培育出健壮有力的海洋生物。这恰恰是中关村的使命。

中关村是中国天使投资最活跃的区域，这里有雷军、徐小平、李竹这样的知名投资人，也有 IDG、红杉、北极光等国内外知名投资机构。超过 2 万名天使投资人汇聚在中关村，在这里，天使投资和创业投资的金额占到了全国的三分之一以上，位列全国第一。仅在2018年上半年，中关村的天使创投机构就达1023家，其中有674家企业获得投资，占全国的22.83%。

"车库咖啡""创新工场""联想之星"……这些服务机构各有千秋，但共同特点是：筛选项目，基金支持，提供免费宽带、工位、招聘、创业辅导、后续融资等服务。让一切劳动、知识、技术、管理、资本的活力竞相迸发，让一切创造社会财富的源泉充分流淌，这样的迸发和奔涌，造就了中关村的优质土壤和卓越生态。因此，这里是全球科技精英的理想归宿之一。

中关村科技园区管理委员会主任翟立新曾代表中关村，向天下贤才发出这样的号召："中关村已成为北京创新的一张'金名片'了。迄今为止，中关村有40年辉煌发展的历史，但它会有更加美好的未来，因为这里是一片创业的热土，是年轻人、有追求的人实现梦想的地方。所以，中关村欢迎你们加入，中关村会因你们的到来变得更加精彩。"

自中关村诞生至今，响应号召者比比皆是。

王晓东，美国科学院院士。他发现了细胞凋亡的生化通路与作用机理，换句话说，他破译了生命力衰减的生物密码。

1985年，王晓东赴美攻读生物化学博士。之后，他一直做到得克萨斯州西南医学中心的终身教授。

2010年，王晓东决定辞去美国的所有职务，回国工作——国家希望聘他担任北京生命科学研究所的所长。40多岁的王晓东正处于科研高峰期，美国实验室的科研条件世界一流，放弃这种条件，在高峰期回中国，这在一些人看来不可思议。可在王晓东的内心，总有一个声音在呼唤他："我回国的最直接原因之一，就是国家准备筹建北京生命科学研究所，以此作为中国原始创新的科技

王晓东

体制改革的'试验田'。我觉得这是个非常好的机会，因为我毕竟是在中国长大，在中国完成了本科教育，而我出国的初心，也是学习先进国家的科学技术和管理方式，有朝一日能够回国，帮助祖国在科技和创新方面有所提升。那么，我希望我个人事业的发展，能为祖国的科技体制改革和科技创新贡献一份力量，而当时正是时机，所以我就回来了。"

在中国，在中关村，科学家大有可为，这是吸引王晓东回国的最强力量。2010年，47岁的王晓东回到中国，领衔北京生命科学研究所和百济神州生物科技有限公司，带着他的科技精锐，意图为人类研发最好的抗癌药。

正常情况下，免疫系统可以识别并清除肿瘤微环境中的癌细胞，但为了生存和生长，癌细胞会采用不同的策略，使人体的免疫系统受到抑制，不能正常地对肿瘤细胞造成杀伤，从而使自身在抗肿瘤免疫应答的各阶段得以幸存。因此，在癌症传统疗法中，无论是手术、化疗还是放疗，都是"杀敌一千，自损八百"——清除癌细胞的同时，也会大大降低人体的免疫力。

近些年，靶向治疗活跃在抗癌的第一线。它的原理是在细胞分子水平上，针对已经明确的致癌位点，来设计相应的治疗药物，有着副作用相对较小的优点。然而，王晓东并不满足于此。在百济神州公司二楼的生物实验室，生物免疫用药的研发正在紧锣密鼓地进行着。免疫疗法被业内称为"抗癌的第三次革命"，它通过激活人体自身的免疫系统来治疗癌症，有着不损坏免疫系统、治疗范围广、复发率低等特性。而王晓东和他的团队，正是这"第三次革命"的生力军。"我们有三种药都走到了临床研究的后期，其中两种已在两种癌种里完成

中关村生命科学园

百济神州抗癌靶向药研发实验室

百济神州生物实验室

了注册实验,这个月都在中国的药监局申报了新药。在不远的将来,我们这些药也会在美国申请新药上市。"

今天,百济神州不仅拥有八款在研管线药物,还与生物制药龙头企业达成了战略合作伙伴关系。而王晓东在接受采访时,对中国新药研发领域的未来充满了信心:"在美国,新药研发的生态已经比较成熟了,它包括大药厂、中小型创新企业,等等。相对地,我们新药研发的基础比较低,所以上升空间很大。另外,改革开放 40 年,国家积累了很多的人才。百济神州之所以能这么快地做到现在的规模,就是因为有很多科学家、医生、企业家都回到中国,和我们一起做这件事。所以,我对中国的新药研发非常看好。我认为现在中国新药研发所处的环境,有点像十到十五年前的互联网行业。我想,在十到十五年后,新药研发领域必将展

百济神州与新基公司全球战略合作启动仪式现场

翅高飞。"

王晓东当初的判断没有错。在美国可以干成的事情，在中国也能干成；在硅谷可以干成的事情，在中关村也可以干成。然而，王晓东更喜欢把这句话倒过来说："'在美国干不成的事，在中国同样能干成'。为什么这么说呢？有一次，我听到一个美国朋友说了这样一句话：'在中国，什么事情都有可能。'从这点来讲，改革开放 40 年是人间奇迹。作为经历过那个阶段的我们，再回头看也会表示认同。我相信，没人能想到中国会发展成现在的样子。当然，我们也对未来有着自己的期许。中国跟别国的不同之处在于，我们有几千年绵延不断的文明，所以我们对时间的感觉与其他国家的人不同。只要目标足够清晰，我们什么事都做得成。"

无人驾驶，即刻出发

中关村不仅是"村"，更是中国单位面积上智慧最为密集的一块土地。这里有高校 90 多所，北大、清华领衔；科研院所 400 多家，中科院扛旗；两院院士人数全国第一，占全国总数的 40%；海归创业者超过 3 万人；累计创办企业超过 8000 家；承接国家科技重大专项项目超过 1300 项，约占全国的 40%；国家科技进步一等奖超过 50 项；类似"'百济神州'研发抗癌新药"的革命性突破还有很多。

这样的科技土壤肥力，正是王晓东愿意扎根的前提条件。他和他的百济神州，在这座土壤肥沃的百花园里茁壮成长。与此同时，和他一样的收获者大有人在。

"中关村这个地方,其实是把好的政策、先天禀赋和资源优势完美结合起来了。我们在房山的这个园,就是一个能对智能网联汽车进行测试和试运营的大型区域。"说这段话的人是吴甘沙,驭势科技的创始人。他经常要向别人解释:为什么他是中关村人,他的科研团队和研发中心却在房山。

答案很简单。今天的中关村,在北京市有 16 个园区。北京这座城市的定位之一,就是科技创新中心,而这个中心恰恰需要中关村"去中心化"。中关村的版图扩张,就是这种字面上矛盾但精神上辩证统一的表现。

吴甘沙

吴甘沙的创业摇篮是中关村海龙大厦,创业成长期在中关村量子星座度过,但研发重心是在中关村房山新兴产业科技研究院。这也许可以理解为:面向未来的时间延展,需要面向未来的空间扩张。

吴甘沙最早对自动驾驶汽车感兴趣,是因为看了美国电视剧《霹雳游侠》。片中有一辆高智能的黑色轿车,拥有未来感十足的无人驾驶系统,这让吴甘沙看得心荡神驰,但当时的他不可能知道,自己将来会涉足这个神奇的领域。

吴甘沙为大家展示驭势数据收集技术——仿真模拟技术

在复旦大学,吴甘沙就读于计算机专业。大学期间,他是少数几个拿到英特尔奖学金的幸运儿之一。毕业后,吴甘沙顺理成章地进入英特尔公司,一干就是十六年,从核心技术人员、部门经理、技术总监,一直做到了首席工程师。他浸润于这家企业深厚的创新素养,形成了对技术创新和前沿科技的职业敏锐感,也有机会接触自动驾驶技术,进而将当年电视屏幕上的视觉冲击,转为触手可及的生活方式,虽然这一天来得有些晚,"直到2005年,美国的DARPA(美国国防高级研究计划局)举办了无人驾驶挑战赛,无人驾驶才再一次出现在我的视野里。当时我所在的英特尔研究院是冠军团队的支持方,所以我们也共享了这份荣誉"。

但这次赛事并没有让吴甘沙转入无人驾驶领域。后来，他选择继续在英特尔公司深耕，用他自己的话说，他是一个保守的人。

10年后，2015年，吴甘沙已是英特尔中国研究院的院长，事业上功成名就。也是在这一年，自称保守的吴甘沙辞去了英特尔公司的所有职务，在中关村海龙大厦的一间办公室里，开始全身心投入到在自动驾驶领域的创业历程中。"当时我看了一本书，它是英特尔最好的一本传记，叫《三位一体：英特尔传奇》。在这本书里，我看到的是英特尔的那些先驱们完全不同于常人的精神状况——他们愿意接受使命的召唤，勇于涉险，不怕犯错，看准一个方向就双倍下注，错了也无所谓，舔舐一下伤口就重新站起来，还会变得更加强大。这种创业精神，跟现在这个时代是非常契合的。所以，我有幸在这么一个时间点看到了英特尔50年前的创业历程，这对我的激励非常大。"

一个自称保守的人，自然不会因被一本书激发的热血就采取大动作。英特尔的创业传奇，也许只是在吴甘沙既定想法上加盖的一枚勇气印章。

吴甘沙至少萌生过三次创业的念头，但久居英特尔的舒适区内，使他错过了三次浪潮——互联网、移动互联网、"互联网+"。终于，在2015年，吴甘沙痛下决心，决定搭乘人工智能这一"头班车"，进入科技创业新时代。而当代中关村的格局和实力，坚定了他的选择。"首先，我已在中关村做了那么多年，对这里特别熟悉；其次，中关村的人才密度大，政策包容性强，资本较为雄厚，等等。2015年时，我曾因创业的事请教过一位老前辈，老前辈说：'我快退休了，虽然特别想念家乡的山山水水，但还是不舍得离开中关村这个地方。因为这里有一种非常独特的氛围，能把你熏陶成特别的人。'所以，可能就是这种独特的氛围，以及由它形成的文化，才是吸引很多人留在这里的非显性原因。"

无人驾驶领域竞争激烈,谷歌、百度、特斯拉、奥迪、奔驰、宝马等世界知名企业逐鹿天下,但吴甘沙认为,在人工智能、芯片和大多数分析能力上,中国的水平跟世界最高水平相差不大。而且,汽车生产商有一种包袱,那就是他们的"有人驾驶"资产,为此他们更愿意开发"人机共驾"技术。吴甘沙决心一步到位,把人从方向盘前解放出来。

对于无人驾驶,吴甘沙充满了自信:"我们有一支非常棒的团队,融合了汽车行业的基因,以及人工智能、互联网、高科技公司的基因,所以这是我们的独有资产。基于这么一个团队,我们可以做些不同的事情。比如,我们希望让无人驾驶更快地商业化,这就需要我们去理解很多场景,需要我们的核心技术具备一定的普世能力。"

吴甘沙的团队

在 CES2017 上,吴甘沙与驭势无人车合影

问题在于,无人驾驶动了有人驾驶的奶酪,一条产业链,处处是敌人,同时也会颠覆现有交通管理体系。因此,围绕无人驾驶自然争议不断,斗争不断。

吴甘沙不愿卷入纷争,他避开大路,占领两厢,把产品投放到不需要路权的地方去,比如在地下车库代客寻找车位、机场的摆渡服务,等等。用科幻小说的说法,这样的打法属于"降维攻击"。

在中关村产业园区里,我们常能看到无人驾驶汽车,它没有方向盘、油门和刹车,完全智能驾驶。此前,吴甘沙的公司就已在广州白云机场提供航站楼和停车场之间的摆渡服务。但在吴甘沙看来,这只是万里长征第一步——驭势科技的雄心,山高水长。因此，吴甘沙给公司取名"驭势"，含义是"驾驭未来的趋势"。吴甘沙的目标是：释放脑、手和脚，给予出行者身心自由和大量有用时间；让所有人，包括老人、孩子和残疾人，能够享受驾车出行的便利和愉悦；减少90%以上的交通事故；减少15%的二氧化碳排放和大气污染。

随着算法的不断改进、传感器的不断更迭、更长距离的道路测试和数据收集，无人驾驶终会因安全、可靠、舒适而取代有人驾驶，这是大势所趋，也是吴甘沙的心愿："我希望在这个城市里川流不息的都是无人驾驶的车，当你把人的自私、情绪、疲劳、误判都拿掉后，所有车辆都会通过同一个'城市大脑'来进行调度，进行全局流量的优化，这样我们就可以把交通拥堵变成历史，真正实现'零事故，零死亡'。"

吴甘沙介绍无人驾驶汽车

"关于无人驾驶的普及,最激进的预测是在 2021 年实现,但普遍观点是在 5 到 10 年后。对我们这些从业者来说,无人驾驶要做到安全可靠、可量产,的确需要这么长的时间。当然,在这段时间里,并非只有技术在发展,所有的生产成本都在下降、法律法规在不断地更新、变革,社会对无人驾驶的接受度也在不断地改变。在 5 到 10 年后,这些事的实现水到渠成,属于我们的那一天就真正来临了。"

中关村的繁华街面上车流滚滚,也许用不了多久,无人驾驶车就会主宰道路;也许用不了多久,现在中关村最新锐的创业者也会成为上一代传奇。

凡属过去,皆为序章。中关村的生命力就在于不断否定自我、开拓向前。从北京海淀区的一条普通大街,到充盈北京的一种气质,中关村在升华。

这是陈春先锐意破冰的中关村,是柳传志中年下海的中关村,是雷军、刘强东、胡伟武们挑战新技术高峰的中关村,是李彦宏、张朝阳筑造信息新平台的中关村,是程维、王兴和张一鸣驾驭"互联网+"的中关村,是印奇和马云风云际会的中关村,是王晓东越洋归来、独树一帜的中关村,是苏菂为创业者煮咖啡的中关村,是吴甘沙驱动"魔幻快车"的中关村。是永远英雄不问出处、永远挑战想象力、永远打破平庸、永远把未来拽到眼前的中关村,更是永远没有边界、只有蓬勃生长的中关村。

在翟立新的内心,中关村的未来蓝图已勾勒成形:"2013 年 9 月 30 日,习近平总书记到中关村视察,明确提出中关村面向未来要加大实施创新驱动发展战略力度,加快建设具有全球影响力的科技创新中心。按照总书记的要求,近几年我们始终不断地深化改革,强化创新,下一步我们还要深入贯彻好党的十九大精神,特别是按照创新驱动发展、高质量发展的要求,按照总书记提出的中关村要当好创新发展旗帜的要求,充分发挥我们在科技和人才上的优势,当好北京高精尖产业的主阵地，当好北京建设科创中心的主要载体，为建设创新型国家和世界科技强国做出应有的贡献。"

中关村，使命召唤，四十不惑，更清楚自己从何处来，要向何处去。

中关村，诞生于改革开放。雄厚的学术和科研实力，赶超世界先进科技潮流的雄心，科教兴国、知识报国的情怀……这些灼热强劲的岩浆，一旦遇到打开火山口的变革之力，就会不可阻挡地喷发出来，让中关村成为引领中国科技新潮流的排头兵。

中关村，璀璨于改革开放。持续革除体制与机制弊端，持续转变政府职能，持续提升法制意识、市场规则和营商环境，让一切劳动、知识、技术、管理和资本的活力竞相迸发，让一切创造社会财富的源泉自由涌流，进而成就一个个创业传奇，诞生一代代改革英雄。

中关村，辉煌于全面深化改革的新时代。当创新成为五大理念之一，当创新驱动成为国家战略和经济社会新动能，当战略性新兴产业和现代服务业成为新的经济引擎，中关村创新的基因就会为全新的征途输送能量，为顺应时代需要而更强大，为契合国家战略而更高远。

辉煌四十年，光荣归于中国共产党，光荣归于人民，光荣归于改革开放的壮阔史诗。

海阔天空的明天，来自持续奋斗，来自创新不止，来自强国富民的初心，来自民族复兴的壮志，来自将改革开放进行到底的恢宏力量，来自美丽深沉的中国梦！

后记

北京之西北郊，有区名海淀。自古山水绝佳，人文荟萃。有清一代历二百年营造三山五园，举世闻名。20世纪，清华、北大等数所高等学府和中国科学院陆续兴建于海淀区中关村一带，遂成中国乃至世界罕见之智力密集地带。有戏谑曰：中关村提篮子买菜老头，非院士即教授。

历史忽至1978年。全国科学大会开启科学春天，伟人邓小平提出"科学技术是第一生产力"。与会者中，中科院物理所研究员陈春先尤为振奋。两月后，陈春先跨洋考察，发现旧金山硅谷"新大陆"，归国后频频呼吁"在中关村建立中国硅谷"。1980年10月23日，他带头创办了中关村第一家民营科技公司。破冰之举，穷尽艰难，险入囹圄。幸有新华社记者潘善棠据情上书，中央领导批示支持，人心大振，"两通两海"和中关村电子一条街顺势崛起。柳传志、王洪德、陈庆振、段永基、王小兰等诸路英豪，叱咤风云；四通打字机、联想汉卡、王码五笔、方正照排、汉王笔等各型神器，辉耀华夏。

前有敢为天下先开拓勇士，后有敢为天下担开明领导，穿针引线，架桥铺路。北京市新技术产业开发试验区、中关村科技园区、中关村国家自主创新示范区，应运诞生。此后的中关村，千帆竞发，百舸争流，开拓奋进英雄辈生，创业创新浪潮迭起。用友、方正、紫光、同方、新东方、东华、小米、碧水源等科技明星，竞耀中关村；新浪、搜狐、百度、京东、美团、滴滴、今日头条等互联网门户，云集中关村。

2013年国庆前夕，习近平总书记带领政治局全体成员走进中关村集体学习，提出中关村要当好创新驱动排头兵。中华崛起道路，民族复兴重任，落于中关村之肩。2018年，中关村高新企业已逾两万家，总收入约6万亿元；更有"独角兽"70只，竟占中国一半、全球近四分之一。人工智能，生命科学，八仙过海，各显神通。巍巍乎中国改革开放四十年，何为标志？两村粲然：南为小岗，北推中关。

回首中关村创新发展40年征程，栉风沐雨，薪火相传；筚路蓝缕，玉汝于成；年届不惑，志在远方。当此中国改革开放40周年之际、中华人民共和国70周年前夕，时代路口，能无感慨？歌曰：

前可见先行者，后可见生力军，念未来之风流，还看我中关村！

《中关村》杂志总编辑